Study Guide for

SIFRON LA-STUDENT
('ALEF, BET)

Study Guide for
SIFRON LA-STUDENT
('ALEF, BET)

בכאבכאבכאבכאבכאבכאבכאבכ

Frank Talmage
Chaim Rabin
Libby Garshowitz

SECOND EDITION

University of Toronto Press
Toronto and Buffalo

Canadian Cataloguing in Publication Data

Talmage, Frank Ephraim, 1938–

Study guide for Sifron la-student ('alef, bet)

"Designed to adapt the Sifron la-student ('alef, bet), the basic text of the Hebrew University Summer Ulpan introductory course, to the needs of an English-language university."

Includes index.
ISBN 0-8020-2256-1

1. Hebrew language – Text-books for foreigners – English.
I. Rabin, Chaim, 1915–   II. Garshowitz, Libby, 1934–
III. Blum, Shoshanah. Sifron la-student.   IV. Title.
V. Title: Sifron la-student.

PJ4567.T23 1977   492.4'8'2421   C77-001493-3

This book has been published during the
Sesquicentennial year of the University of Toronto

PREFACE TO THE FIRST EDITION

The present manual is designed to adapt the *Sifron la-Student* (*'alef-bet*), the basic text of the Hebrew University Summer Ulpan introductory course, to the needs of an English-language university and to enable one to combine the pedagogical advantages of the audio-lingual method with a more formal approach to grammar. The *Study Guide* attempts to provide the following: (1) a lesson-by-lesson Hebrew-English vocabulary (the *Sifron* itself contains a word index which lists the lesson in which a given word occurs; this may be used to locate a word in the *Study Guide* vocabularies); (2) a presentation of the grammatical material, particularly morphology, in a concise and systematic manner; (3) a supplementing of the grammatical material in the *Sifron* with certain topics which should ordinarily be included in a first-year university course; these include an expanded treatment of the verb and of the bound and suffixed forms of the noun (such topics as the imperative, *binyan pu^{c}al*, and *binyan huf^{c}al*, which could not conveniently be integrated into the *Sifron* syllabus, have been relegated to appendices); (4) an introduction to reading, orthography, and pointing (*niqqud*); although the *Sifron* does not use any pointing, all the Hebrew material in the *Study Guide* is fully pointed for the benefit of those instructors who wish to make use of it; (5) a key to the instructions to the *Sifron* exercises plus supplementary exercises covering material introduced in the *Study Guide*.

The introduction and much of the treatment of grammatical topics are based upon an original manuscript of Professor Chaim Rabin of the Hebrew University. The adaptation of the original manuscript as a study guide for the Ulpan text necessitated additional material and rewriting of much of the existing material for which the present authors are responsible.

Just as the Ulpan material itself is in a constant state of evolution, this text too is to be considered an experiment, albeit one which has proved, at least at the University of Toronto, to be quite successful.

The authors owe a debt a gratitude to Miss Shoshana Blum and the staff of the Hebrew University Summer Ulpan for their unceasing cooperation, counsel, and encouragement; to the members of the staff at the University of Toronto who used the text in the classroom and offered their suggestions; and especially to Dr. T. Muraoka of the University of Manchester who read the original version with great care and who generously made available materials which he had prepared for use with the *Sifron*.

The Authors
Toronto May 23, 1971
כ״ח אייר תשל״ב
תהלים קכ״ב ג׳

PREFACE TO THE SECOND EDITION

The revision of the *Sifron la-Student ('alef-bet)*, as well as the wide interest shown in the use of the *Study Guide*, necessitated the adaptation of the original manual to the new basic textbooks of the Hebrew University Summer Ulpan, *Sifron la-Student ('alef* and *bet)*. The format of the original *Study Guide* was retained, supplemented by new material dealing with sentence structure as well as the following appendices: (1) treatment of verbal nouns; (2) a subject index, carefully prepared by Mrs. Shoshana Ages of York University; (3) a Hebrew-English dictionary, designed to benefit the many students who have felt its need.

The introduction and much of the treatment of grammatical topics are based upon an original manuscript of Professor Chaim Rabin of the Hebrew University. The adaptation of the original manuscript as a study guide for the Ulpan text necessitated additional material and rewriting of much of the existing material for which the present authors are responsible.

The authors wish to thank the staff of the Hebrew University Summer Ulpan for their advice and cooperation; the members of the staff at the University of Toronto who used the manual in the classroom through the years and offered their counsel and suggestions; Mrs. Shoshana Ages for the preparation of the subject index and her generous assistance; Dr. Maurice Allen, whose careful reading of the revised manual enabled him to make valuable suggestions; and especially the students whose comments aided the revision.

The authors owe a special debt of gratitude to Miss Lorraine Ourom at the University Press for her advice and encouragement in the preparation of the revised *Study Guide*.

The Authors
Toronto July 3, 1977
י"ז תמוז תשל"ז
תהלים קג"יב ו'

CONTENTS

ix

ABBREVIATIONS

abbrev.	abbreviation
adj.	adjective
adv.	adverb
bd. fm.	bound form
cf.	compare
Eng.	English
equiv.	equivalent to
f.	feminine
Heb.	Hebrew
inf.	infinitive
i.v.	intransitive verb
lit.	literally
m.	masculine
n.	noun
pl.	plural
prep.	preposition
seg.	segolate
sg.	singular
t.v.	transitive verb
v.	verb
1	first person
2	second person
3	third person

Cross-references are as follows:

0:2	Introduction, paragraph 2
21:3	Lesson 21, paragraph 3

Study Guide for
SIFRON LA-STUDENT
('ALEF, BET)

INTRODUCTION

1 Hebrew is written from right to left. The alphabet consists of
  twenty-two letters, all of which are consonants. The vowels
  are written as signs placed under and over the letters. There
  are no capital letters. In handwriting, special cursive forms
  are used.
2 Seventeen of the Hebrew letters offer no difficulty in pronun-
  ciation. They are listed here with their English translitera-
  tion and cursive forms.

Printed Form	Value	Written Form	First Step	Final Steps
ת	t			
ט	ṭ (=t)			
ד	d			
ק	q (=k)			
ג	g (hard)			
ס	s			
שׂ	s			
שׁ	sh			
ל	l			
מ	m			
נ	n			
ר	r			
ה	h; final e or a			
ו	v			
י	y, i, e			
ז	z			
צ	ṣ			

3

3 Learn the following vowel signs. To show their positions, they are printed here with the letter מ.

Vowel Sign		*Pronunciation*	*Name of Vowel*	
מִ	*mi*	*i* as in *machine*	*ḥiriq*	חִירִיק
מֶ	*me*	*e* as in *bed*	*segol*	סֶגוֹל
מֵ	*me*	*e* as in *bed*, *a* in *late*	*ṣere*	צֵירֵה
מַ	*ma*	*a* as in *Haganah*	*pataḥ*	פַּתַּח
מָ	*ma*	*a* as in *Haganah*	*qamaṣ*	קָמַץ
מֹ	*mo*	*o* as in *Torah*	*ḥolam*	חוֹלָם
מֻ	*mu*	*u* as in *Jerusalem*	*qubbuṣ*	קִבּוּץ

Reading Practice

תֵּל דָּת תָּג גָּד דָּג גַּל יָד דַּק קֹר רַק רֵד נֵר מָר

מַס נֵס נָס סַל שַׂק שָׂר שֵׁשׁ רָשׁ יֵשׁ שֶׁל טַל טָס יֵט

גֵּז זָר זָז צָר צַד צֵל צַו קַו תָּו וָו דַּי שַׁי תֵּה

שֶׁה זֶה שֶׁקֶט שֶׁקֶל דָּוִד וֶרֶד גֶּשֶׁר קֹדֶשׁ זֹהַר טָהֹר שָׁקֵט

גָּדֵר מַה נָמָל צֶדֶק שֶׁמֶשׁ סֶרֶט רֶגֶל דֶּלֶת שָׂרָה מֹשֶׁה סֶלָה

מֶלֶט שָׂדֶה סֵדֶר רָמָה מִשְׁמָר מִגְדָּל מֶלְצַר שַׁלְוָה שִׂמְלָה מִלְוֶה

תֵּל דָּת תָּג גָּד דָּג גַּל יָד דַּק קֹר

רַק רֵד נֵר מָר מַס נֵס נָס סַל שַׂק

שָׂר שֵׁשׁ רָשׁ יֵשׁ שֶׁל טַל טָס יֵט גֵּז זָר זָז

צָר צַד צֵל צַו קַו תָּו וָו דַּי שַׁי תֵּה שֶׁה

זֶה מַה שֶׁקֶל דָּוִד וֶרֶד גֶּשֶׁר קֹדֶשׁ זֹהַר טָהֹר

שָׁקֵט גָּדֵר נָמָל צֶדֶק שֶׁמֶשׁ מִשְׁמָר מִגְדָּל מֶלְצַר

4 The sounds *i* and *e* are frequently written מִי and מֵי respectively. The sounds *o* and *u* are frequently written מוֹ and מוּ respectively.

Reading Practice

רוּת יוֹנָה לֵוִי צוּר שִׁיר גָּלִיל מָרוֹר דוֹר דָּוִד קוֹל

מִיל גִּיס דִּיר רֵיק צֵידָה לוּד זוּל תַּרְשִׁישׁ קִילוֹ סִיר

לִירָה מוֹנִית דִּינָה שׁוּרָה תַּלְמִיד תּוֹרָה מוֹרֶה דִּירָה קִיר

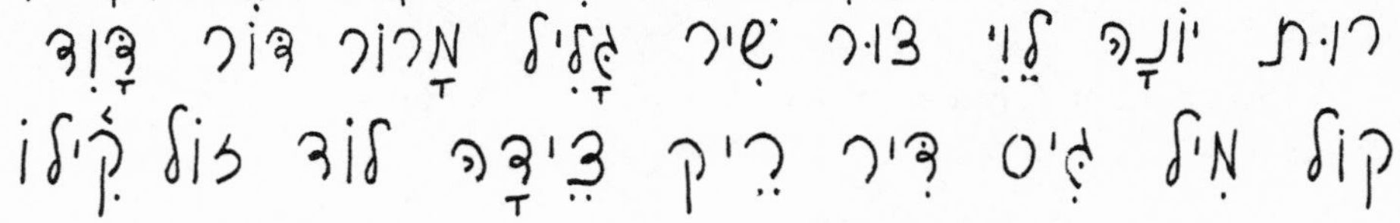

5 As it is normally pronounced in Israel today, Hebrew possesses only one sound which does not occur in English. This is the sound written ח or כ. It is pronounced like the Yiddish, Scots, or German *ch*. In this text, ח is represented by *ḥ* and כ by *kh*. The written forms are:

ח

כ

Reading Practice

חָזָק רָחֵל חֹדֶשׁ חוּלָה חַג נֶחָמָה חֵרוּת מִיכָה חֶדֶר לַח

6 Three of the letters have a double pronunciation, called their "hard" and "soft" sounds. When they have the "hard" sound, a dot called *dagesh* is placed inside the letter.

Hard sound:	בּ *b;*	פּ *p;*	כּ *k*
Soft sound:	ב *v;*	פ *f;*	כ *kh*

Rule: These letters have the hard sound at the beginning of a word and the soft sound at the end of a word.

בַּיִת *(báyit)* but לֵב *(lev)*

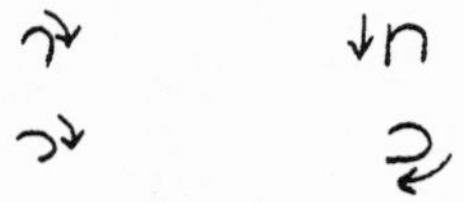

In the middle of a word, they are hard when they follow another consonant immediately:

כַּלְבָּה *(kalbah)* דַּרְכּוֹן *(darkon)*

They are soft when they follow a vowel:

אָבִיב *(ʾaviv)* לָכֵן *(lakhen)*

Three other consonants, ג, ד, and ת, take the *dagesh* under these circumstances but there is no distinction in sound between the two forms.

The written forms of ב and פ are:

ב

פ

Reading Practice

פֶּסַח נֶפֶשׁ כִּפּוּר כַּרְמֶל בּוּל נֶגֶב נֶגְבָּה כֶּלֶב טוֹב

חֵיפָה כַּרְפַּס רָב דָּבָר כִּבְשָׂה חָבֵר פֶּרֶק סֵפֶר קֶבֶר

פֶּסַח נֶפֶשׁ כִּפּוּר כַּרְמֶל בּוּל נֶגֶב נֶגְבָּה כֶּלֶב

טוֹב חֵיפָה כַּרְפַּס רָב דָּבָר כִּבְשָׂה חָבֵר פֶּרֶק

7 Five letters have a special form when they occur at the end of a word:

Initial and medial:	פ	צ	נ	מ	כ
Final:	ף	ץ	ן	ם	ך

Printed Form *Written Form* *1st Step* *2nd Step* *3rd Step*

ף

ץ

ן

ם

ך

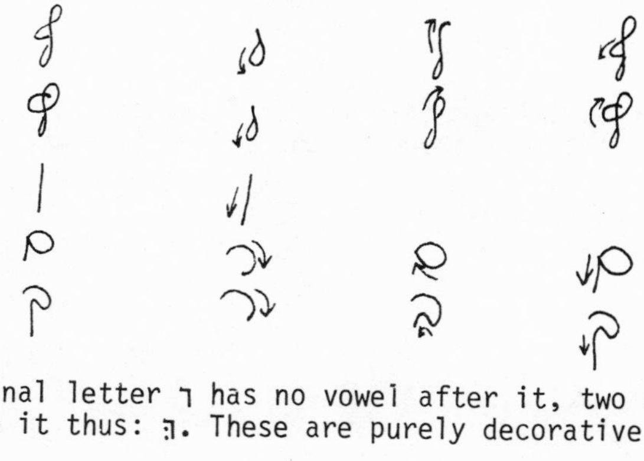

Note: When the final letter ך has no vowel after it, two vowels are placed inside it thus: ךְ. These are purely decorative.

Reading Practice

יוֹם דָן מָן חוּף כָּנָף לֵץ רָץ חָלוּץ יַרְדֵּן שָׁלוֹם כָּךְ

8 Two letters, א *('alef)* and ע *(^{c}ayin)*, are written but not pronounced. When they occur at the beginning of a word, that word is pronounced as if it began with the vowel written under the *'alef* or *^{c}ayin*. In the middle of a word, a hiatus (very short pause) is made before the vowel of the *'alef* or *^{c}ayin*. In this text, א is represented by an apostrophe (') and ע by the symbol ^{c}(^{c}). When no vowel is written with these letters, they are not pronounced. Thus נָעִים is pronounced *na^{c}im,* the two vowels being kept separate; מֵאֵן is pronounced *me'en;* and שָׁמַע is pronounced *shama.*

The written forms of א and ע are:

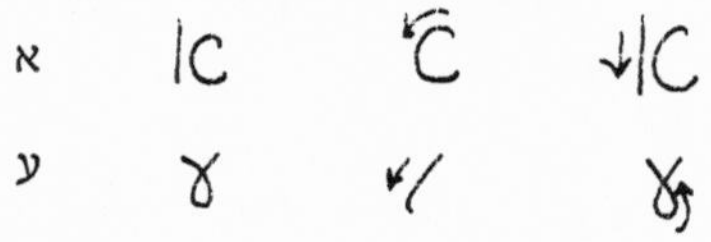

Reading Practice

אֲשֶׁר אֵילַת עֵמֶק עָמוֹס לֵאָה יַעַר יָעֵל מָאוֹר מֵאִיר

יִשְׂרָאֵל הַרְאֵל מַרְאֶה גִּדְעוֹן שִׁמְעוֹן גַּרְעִין מוֹצָא עֶזְרָא

מִזְרָע נָבִיא מָלֵא לֹא שִׂיא רֹאשׁ צֹאן

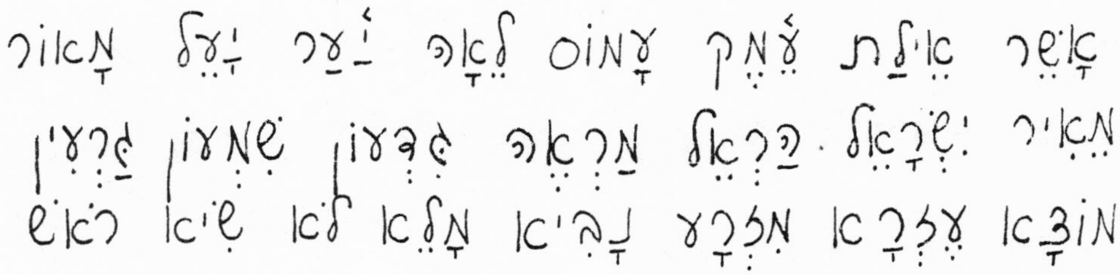

9 The following is the order of the letters in which they occur in the Hebrew alphabet together with their names. The numbers appearing beside each letter in the table are the numerical values of the letters. They are frequently employed to write dates and other numbers, *viz.* ד = 4; נ = 50; י"א = 11; קי"ח = 118; ת"ק = 500. The year (5)737 (1976-7) is written as 737 or תשל"ז. Note that 15 is ט"ו and 16 is ט"ז.

א	*ʾálef*	*1*	י	*yod*	*10*
ב	*bet*	*2*	כ	*kaf*	*20*
ג	*gímel*	*3*	ל	*lámed*	*30*
ד	*dálet*	*4*	מ	*mem*	*40*
ה	*he*	*5*	נ	*nun*	*50*
ו	*vav*	*6*	ס	*sámekh*	*60*
ז	*záyin*	*7*	ע	*ᶜáyin*	*70*
ח	*ḥet*	*8*	פ	*pe*	*80*
ט	*ṭet*	*9*	צ	*ṣáde*	*90*

ק	*qof*	*100*
ר	*resh*	*200*
שׂ,שׁ	*sin, shin*	*300*
ת	*tav*	*400*

Reading Practice. The Alphabet

אָלֶף בֵּית גִּימֶל דָּלֶת הֵא וָו זַיִן חֵית טֵית
יוֹד כַּף לָמֶד מֵם נוּן סָמֶךְ עַיִן פֵּה צָדִי
קוֹף רֵישׁ שִׁין תָּו
א ב ג ד ה ו ז ח ט י כ ך ל מ ם נ ן ס ע
פ ף צ ץ ק ר שׁ שׂ ת

10 When a ח at the end of a word has the vowel *a* (חַ), that vowel is pronounced *before* the ח, e.g. רוּחַ is pronounced *rúaḥ* and not *rúḥa*. The same applies to ע, and to הּ when a dot *(mappiq)* appears in it even though the ה is not pronounced, e.g. גָּבֹהַּ is *gavóah* and not *gavóha*. This *a* must be heard with ח or ע at the end of a word if the vowel preceding them is *a*, *i*, *e*, or *o*. This is valuable as a guide to correct spelling. Thus *mokh (cotton wool)* must be written מוֹךְ while *móaḥ (brain)* is מֹחַ. Similarly, on hearing *garúᶜa*, we know that it has an ע at the end: גָּרוּעַ. Note that this הַּ, חַ, or עַ is never accented, e.g. פּוֹתֵחַ.

Reading Practice

נֹחַ רֵיחַ כֹּחַ לוּחַ מַפְתֵּחַ גִּלְבּוּעַ שָׂבוּעַ שָׂמֵחַ תָּמֵהַּ

נֹחַ רֵיחַ כֹּחַ לוּחַ מַפְתֵּחַ גִּלְבּוֹעַ תָּמֵהַּ

11 Note that in ◌ֳ the sign ◌ָ has the sound of *ḥolam* (וֹ). ◌ָ itself has this sound in a number of words when it occurs in an unaccented closed syllable, i.e. where the consonant following is not itself followed by a vowel. These cases are, however, best learned by practice.

Examples: אָמְנָם *ʾomnam* חָכְמָה *ḥokhma* כָּל *kol*

12 Besides the vowels listed in 0:3, Hebrew has an additional vowel called *shəva,* a very short *e* as in *remark*. In ordinary conversation, it is often so short that it cannot be heard at all. It often takes the place of a vowel that has been shortened because some element has been added at the end of the word and the accent has shifted as in שָׁלוֹם *(shalom)* → שְׁלוֹמְךָ *(shəlomkha)*. Cf. English *major* → *mäjŏrity*. The Hebrew sign for *shəva* is : under the letter *(אְ)* and is represented in this text by the sign *ə*.

The same sign is also used to indicate the absence of a vowel sound. This is called a *quiescent shəva (Heb.* שְׁוָא נָח, *shəva naḥ)*.

Reading Practice

בְּרָכָה יְרוּשָׁלַיִם כְּפָר דְּבוֹרָה שְׁמוּאֵל תַּרְנְגוֹל כְּתָבָה דִּבְּרוּ

סְעוּדָה כְּרוּב שְׁבוּעָה יִשְׂרְאֵלִי פְּסַנְתְּרָן

בְּרָכָה יְרוּשָׁלַיִם כְּפָר דְּבוֹרָה שְׁמוּאֵל תַּרְנְגוֹל

כְּתָבָה דִּבְּרוּ סְעוּדָה כְּרוּב שְׁבוּעָה יִשְׂרְאֵלִי

13 The consonants א, ה, ח and ע are called guttural consonants. They cannot be followed by *shəva* but are followed by a semi-vowel which is a compound of *shəva* with ◌ַ, ◌ֶ, or ◌ָ. Thus we get חֲ, חֱ, חֳ *(ḥa, ḥe, ḥo)*. These are called *ḥatef* signs.

Reading Practice

חֲמוֹר עֲבוֹדָה מַחֲזֶה אֱלֹהִים אֱמֶת חֳלִי אֳמָנוּת יַעֲקֹב

חֲמוֹר עֲבוֹדָה מַחֲזֶה אֱלֹהִים אֱמֶת חֳלִי

אֳמָנוּת יַעֲקֹב

14 The following is a list of Hebrew vowels with their names.

		Long	*Short*		*Semi-Vowels*	
a	xָ	*qamaṣ*	xַ	*pataḥ*	xֲ	*ḥataf pataḥ*
e	xֵ, xֵי	*ṣere*	xֶ	*segol*	xֱ	*ḥataf segol*
i	xִי	*ḥiriq*	xִ	*ḥiriq*		
o	xֹ, xוֹ	*ḥolam*	xָ	*qamaṣ qatan*	xֳ	*ḥataf qamaṣ*
u	xוּ	*shuruq*	xֻ	*qubbuṣ*		

Note 1: The terms "long" and "short" do not necessarily apply to the actual pronunciation of the vowels in modern Hebrew but they have significance with respect to the study of grammar.
Note 2: For grammatical purposes, the vowels may be divided into three classes: *a*-vowels *(qamaṣ, pataḥ); i*-vowels *(ṣere, segol, ḥiriq); u*-vowels *(ḥolam, qamaṣ qatan, shuruq, qubbuṣ).*

15 The combinations of *a* and *o* with *y* read like English *i* in *fine* and *oy* in *boy*, e.g. אֵלַי *('elay);* נוֹי *(noy).* After *a, i, e,* a ו is read like *v* as in קַו *(qav),* אָבִיב *('aviv),* גֵּו *(gev).* At the end of words, *av* is sometimes spelled xָיו as in אֵלָיו *('elav),* סְתָו or סְתָיו *(setav),* עַכְשָׁו or עַכְשָׁיו *(ᶜakhshav).* At the end of a word, *ay* is sometimes spelled xַאי as in חַקְלַאי *(ḥaqlay).* Note that חַקְלָאִי is *ḥaqla-i.*

16 A dot in a letter, called *dagesh,* indicates that a consonant is to be doubled. In current pronunciation, this sounds the same as a consonant written double in English. However, it is of great grammatical importance and is indicated in the transliterations in this book. The *dagesh* which is used to double a letter is called the *dagesh ḥazaq* (strong *dagesh*), while that used to indicate the different values of the letters ב, ג, ד, כ, פ, ת (0:6) is known as the *dagesh qal* (light *dagesh*). The guttural consonants א, ה, ח, ע and ר cannot be doubled.

Reading Practice

סִדּוּר טַלִּית תְּפִלִּין מְגִלָּה שַׁבָּת מַצָּה עַכּוֹ חֻפָּה מִטָּה

סִדּוּר טַלִּית תְּפִלִּין מְגִלָּה שַׁבָּת מַצָּה עַכּוֹ

17 Hebrew words are normally accented on the last syllable. The chief exceptions to this are certain nouns (6:4) and certain forms of the verb, especially in the past tense. In this book, accent on other than the last syllable is marked by an accent mark (e.g. *báyit)* and in the Hebrew script by the sign < (e.g. בַּ֫יִת).

18 The various signs used to indicate the vowels, the *dagesh*, and the distinction between שׁ and שׂ are collectively called *niqqud* or in English *pointing*. Outside poetry, the Bible, children's literature, and books for beginners, these aids to reading are usually omitted. What helps the reader to make sense of a basically vowel-less text is knowledge of the structure of the language. One does not know a word unless he is able to recognize it and pronounce it correctly without the points.

19 The letters ו and י, when used in combination with certain vowels (0:4), are not omitted in unpointed writing. They thus help one to read correctly even though the reader must still know if ו is to be read as *u* or *o*, or י as *e* or *i*. Often the letters ו and י are inserted in unpointed writing even in places where these vowels are written in pointed writing with vowel signs only. Thus the word קִבּוּץ appears unpointed as קיבוץ. It is furthermore usual in unpointed writing to write the consonants *v* and *y* as וו and יי, so as to distinguish them from the vowels. There is, however, no consistency in this. In this text, unpointed forms of some words are indicated after the pointed forms, e.g. דִּבּוּר, דיבור.

20 Hebrew uses many abbreviations. If an abbreviation consists of a single word, it has a stroke after the last letter, e.g. גב' for גְּבֶרֶת *(geveret)*, *Miss* or *Mrs.*, הא' for הָאָדוֹן, *Mr*. If it consists of several words, it has two strokes before the last letter, e.g. ת"א for תֵּל אָבִיב; ל"י (pronounced *lai*) for לִירָה יִשְׂרְאֵלִית *(Israel pound)*. Some abbreviations are provided with vowels and pronounced, e.g. צַהַ"ל for צְבָא הַהֲגָנָּה לְיִשְׂרָאֵל *(Israel Defence Army)*. דּוּ"חַ for דִּין וְחֶשְׁבּוֹן *(report)* is commonly pronounced דּוּחַ and even has a plural דוחות *(doḥot)*. Similarly, the letters used to write the years of the Jewish era are pronounced as words, e.g. תשל"ז (5)737 is *tashlaz*.

21 In foreign words and names, some sounds occur which the Hebrew alphabet does not express. Some of these are written with Hebrew letters with a diacritic stroke added: צ' = *ch* in *church*; ג' = *j* in *judge*, *g* in *George*; ז' = *zh* as *g* in *rouge*. In foreign proper names, it is also recommended by the Hebrew Language Academy to indicate the *a* sound by א, the *e* sound by אֶ, the sound of English *a* in *tame* by אֵי, of English *i* in *time* by יי, and the *ow* in *cow* by אה. *Th* is transliterated by ת; *t* by ט; *ch* as in *chemistry* by כ; *c* or *k* by ק. The English ending *-tion* appears as -צְיָה as in קוֹאָלִיצְיָה, *coalition*; *-y* is mostly -ְיָה as in הִיסְטוֹרְיָה, *history*.

22 Words consisting of one letter only, such as the definite article (1:2), certain prepositions (1:4), and other particles, are prefixed to the following word.

23 Hebrew uses the same signs of punctuation as English.

Further Reading Practice

Familiar Hebrew Words

יוֹם-טוֹב	שָׁבוּעוֹת	סֻכּוֹת	חֲנֻכָּה
פּוּרִים	רֹאשׁ-הַשָּׁנָה	תִּשְׁעָה-בְּאָב	שִׂמְחַת-תּוֹרָה
לוּלָב	אֶתְרוֹג	מַחֲזוֹר	מַזָּל-טוֹב
הַפְטָרָה	הַגָּדָה	תּוֹרָה	חֻמָּשׁ
חָבֵר	חָתָן	כַּלָּה	שָׁלוֹם
כְּנֶסֶת	קְבוּצָה	הַגְבָּהָה	עֲלִיָּה

The European Months

יָנוּאָר	אַפְּרִיל	יוּלִי	אוֹקְטוֹבֶּר
פֶבְּרוּאָר	מַאי	אוֹגוּסְט	נוֹבֶמְבֶּר
מֶרְץ	יוּנִי	סֶפְּטֶמְבֶּר	דֶּצֶמְבֶּר

The Hebrew Months

1 נִיסָן	4 תַּמּוּז	7 תִּשְׁרֵי	10 טֵבֵת
2 אִיָּר	5 אָב	8 חֶשְׁוָן	11 שְׁבָט
3 סִיוָן	6 אֱלוּל	9 כִּסְלֵו	12 אֲדָר

The Days of the Week

יום א׳	יוֹם רִאשׁוֹן	*Sunday*
יום ב׳	יוֹם שֵׁנִי	*Monday*
יום ג׳	יוֹם שְׁלִישִׁי	*Tuesday*
יום ד׳	יוֹם רְבִיעִי	*Wednesday*
יום ה׳	יוֹם חֲמִישִׁי	*Thursday*
יום ו׳	יוֹם שִׁשִּׁי	*Friday*
	שַׁבָּת	*Saturday*

Cardinal Numbers

Masculine		Masculine		Feminine		Feminine	
1	אֶחָד	11	אַחַד-עָשָׂר	1	אַחַת	11	אַחַת-עֶשְׂרֵה
2	שְׁנַיִם	12	שְׁנֵים-עָשָׂר	2	שְׁתַּיִם	12	שְׁתֵּים-עֶשְׂרֵה
3	שְׁלֹשָׁה	13	שְׁלֹשָׁה-עָשָׂר	3	שָׁלֹשׁ	13	שְׁלֹשׁ-עֶשְׂרֵה
4	אַרְבָּעָה	14	אַרְבָּעָה-עָשָׂר	4	אַרְבַּע	14	אַרְבַּע-עֶשְׂרֵה
5	חֲמִשָּׁה	15	חֲמִשָּׁה-עָשָׂר	5	חָמֵשׁ	15	חֲמֵשׁ-עֶשְׂרֵה
6	שִׁשָּׁה	16	שִׁשָּׁה-עָשָׂר	6	שֵׁשׁ	16	שֵׁשׁ-עֶשְׂרֵה
7	שִׁבְעָה	17	שִׁבְעָה-עָשָׂר	7	שֶׁבַע	17	שְׁבַע-עֶשְׂרֵה
8	שְׁמוֹנָה	18	שְׁמוֹנָה-עָשָׂר	8	שְׁמוֹנֶה	18	שְׁמוֹנֶה-עֶשְׂרֵה
9	תִּשְׁעָה	19	תִּשְׁעָה-עָשָׂר	9	תֵּשַׁע	19	תְּשַׁע-עֶשְׂרֵה
10	עֲשָׂרָה	20	עֶשְׂרִים	10	עֶשֶׂר	20	עֶשְׂרִים

20	עֶשְׂרִים	40	אַרְבָּעִים	60	שִׁשִּׁים	80	שְׁמוֹנִים
30	שְׁלֹשִׁים	50	חֲמִשִּׁים	70	שִׁבְעִים	90	תִּשְׁעִים
21	עֶשְׂרִים וְאֶחָד	43	אַרְבָּעִים וּשְׁלֹשָׁה	65	שִׁשִּׁים וַחֲמִשָּׁה		
32	שְׁלֹשִׁים וּשְׁנַיִם	54	חֲמִשִּׁים וְאַרְבָּעָה	76	שִׁבְעִים וְשִׁשָּׁה		

100	מֵאָה	1000	אֶלֶף
200	מָאתַיִם	2000	אַלְפַּיִם
300	שְׁלֹשׁ מֵאוֹת	3000	שְׁלֹשֶׁת אֲלָפִים
400	אַרְבַּע מֵאוֹת	4000	אַרְבַּעַת אֲלָפִים
500	חֲמֵשׁ מֵאוֹת	5000	חֲמֵשֶׁת אֲלָפִים
600	שֵׁשׁ מֵאוֹת	6000	שֵׁשֶׁת אֲלָפִים
700	שְׁבַע מֵאוֹת	7000	שִׁבְעַת אֲלָפִים
800	שְׁמוֹנֶה מֵאוֹת	8000	שְׁמוֹנַת אֲלָפִים
900	תְּשַׁע מֵאוֹת	9000	תִּשְׁעַת אֲלָפִים
		10000	עֲשֶׂרֶת אֲלָפִים

Ordinal Numbers

רִאשׁוֹן	שִׁשִּׁי, שישי	רִאשׁוֹנָה	שִׁשִּׁית, שישית
שֵׁנִי	שְׁבִיעִי	שְׁנִיָּה	שְׁבִיעִית
שְׁלִישִׁי	שְׁמִינִי	שְׁלִישִׁית	שְׁמִינִית
רְבִיעִי	תְּשִׁיעִי	רְבִיעִית	תְּשִׁיעִית
חֲמִשִּׁי, חמישי	עֲשִׂירִי	חֲמִשִּׁית,חמישית	עֲשִׂירִית

Additional Reading Practice in Cursive Script

Common Given Names

רְאוּבֵן דָּוִד רוּת דָּנִי רִנָּה רִבְקָה עֵלִי

אוּרִי מִרְיָם חַוָּה אַבְרָהָם יוֹסֵף שָׂרָה בָּרוּךְ

נֶחָמָה שׁוֹשַׁנָּה חַנָּה מֹשֶׁה יוֹסִי אַהֲרֹן דִּינָה

סְעַדְיָה אֲבִיבָה מִיכָאֵל יוֹנָתָן יְהוּדִית רָפִי

רָחֵל יִגְאָל יָפָה הֲדַסָּה גִּילָה עֲלִיזָה שְׁלֹמֹה

צְבִי אִילָנָה יוֹרָם יִשְׂרָאֵל בְּרוּרְיָה חַיִּים כַּרְמֶלָה

Common Surnames

כֹּהֵן לֵוִי בֶּן-צְבִי כַּרְמִי הֲדָרִי וַרְדִּי פֶּרֶץ

יְרוּשַׁלְמִי גְּלִילִי נִיסָן הַרְדָּבִי בֶּן-שָׁשׁוֹן נִיר

נוֹי שִׁמְעוֹנִי אַלּוֹנִי יַעֲקֹבִי כַּדּוּרִי מִזְרָחִי

נֶשְׁרִי קַרְנִי כֹּהֵן-צֶדֶק (כַּ"ץ) שָׁחוֹר לִבְנִי

אֶבֶן-שׁוֹשָׁן נַחְמָנִי תֹּכֶן דֻּבְדְּבָנִי צַפְנִי

בֶּן-חוֹרִין בֶּן-שָׁלוֹם גָּאוֹן גּוּרִי אָרְנִי גַּנָּן

שָׁלוֹם טוֹטָא עוֹבַדְיָהוּ שָׁלֵם כַּסְפִּי כַּהֲנָא

יַעֲבֵץ שָׁמִיר רוֹזֵן קִמְחִי לַמְדָּן מְלַמֵּד

שׁוֹחֵט בָּרוּךְ גּוֹזֵן בַּר-אֶבֶן עֲמִיחַי פְּנִינִי

LESSON 1

Vocabulary

אוֹטוֹבּוּס, ז.	*'ótobus*	bus
אוּנִיבֶרְסִיטָה, נ.	*'univérsita*	university
אֵיפֹה?	*'efo?*	where?
אֻלְפָּן, אולפן, ז.	*'ulpan*	Ulpan, intensive Hebrew course
אֲמֶרִיקָה, נ.	*'amériqa*	America
בַּיִת, בָּתִּים, ז.*	*báyit, battim*	house
גַּם	*gam*	also
הֶכֵּרוּת, נ.	*hekerut*	getting acquainted
זֶה	*ze*	*m.*, this (is)
זֹאת	*zot*	*f.*, this (is)
טֶלֶפוֹן, ז.	*telefon*	telephone
כֵּן	*ken*	yes
כִּתָּה, כיתה, נ.	*kitta*	class
לֹא	*lo*	no
לוֹמֵד	*lomed*	*m.sg.*, study, studies
לוֹמֶדֶת	*lomédet*	*f.sg.*, study, studies
מְאֹד, מאוד	*mə'od*	very
מֵאַיִן? מאיין?	*me'áyin?*	from where?
מוֹרֶה, ז.	*more*	*m.*, teacher
מוֹרָה, נ.	*mora*	*f.*, teacher
מִי?	*mi?*	who?

*The second form of the noun is plural.

נָעִים	*na*^{c}*im*	pleasant
סְטוּדֶנְט, ז.	*student*	*m.*, student
סְטוּדֶנְטִית, נ.	*studéntit*	*f.*, student
פֹּה	*po*	here
רוּסְיָה, נ.	*rúsya*	Russia
שָׁלוֹם	*shalom*	hello
שָׁם	*sham*	there
שְׁמִי	*shəmi*	my name (is)
תַּלְמִיד, ז.	*talmid*	*m.*, pupil
תַּלְמִידָה, נ.	*talmida*	*f.*, pupil

Expression

נָעִים מְאֹד	*na*^{c}*im mə'od*	Pleased to meet you

Grammar

1 There is no indefinite article in Hebrew.

אוּנִיבֶרְסִיטָה	*'univérsita*	university, *a* university
סְטוּדֶנְט	*student*	student, *a* student

2 The definite article ה is generally read *ha-* and is prefixed to the noun. The following letter is marked by *dagesh ḥazaq*, e.g., הַמּוֹרֶה (cf. 0:16). Therefore, the consonants ב, כ and פ become בּ, כּ and פּ (0:6), e.g. הַכִּפָּה. Before the letters א, ה, ח, ע and ר, which cannot take *dagesh ḥazaq* (0:16), the definite article takes various forms.

a Before ע (except when pointed with an unaccented long *qamaṣ*) and before א and ר, the definite article ה is pointed with a *qamaṣ*.

הָעִיר	the city	הָאִישׁ	the man
הָעָב	the cloud	הָרְחוֹב	the street

b Before the letters ה, ח, ע pointed with an unaccented long *qamaṣ*, the definite article ה is pointed with a *segol*.

הֶחָבֵר	the friend	הֶעָרִים	the cities

הֶהָרִים the mountains הֶחָכָם the sage

c Before the letters ח and ה when not pointed with a *qamaṣ*, the definite article is pointed with a *pataḥ*.

הַהֵיכָל the palace הַחַלּוֹן the window

3 The singular pronouns are:

אֲנִי *'ani* I

אַתָּה	*'atta*	you *(m.)*	אַתְּ	*'at*	you *(f.)*
הוּא	*hu*	he	הִיא	*hi*	she

4 There is no verb *to be* in the present tense.

אַתָּה סְטוּדֶנְט.	*'atta sṭudenṭ*	You are a student.
אֵיפֹה הָאֻלְפָּן?	*'efo ha-'ulpan?*	Where is the ulpan?
הוּא בִּירוּשָׁלַיִם.	*hu birushalayim*	It is in Jerusalem.

5 Prepositions consisting of only one letter are prefixed to the noun. Cf. 0:22.

a After -מִ *(mi-), from,* the consonant following is marked by a *dagesh ḥazaq* (cf. 0:16); therefore, the consonants ב, כ and פ become בּ, כּ, and פּ (0:6). Before א, ה, ח, ע and ר (0:16), -מִ becomes -מֵ *(me-)*.

מִטּוֹרוֹנְטוֹ	*miṭṭorónto*	מִבּוֹסְטוֹן	*mibbósṭon*
מֵהַתַּלְמִיד	*meha-talmid*	מֵרוּסְיָה	*merúsya*
מֵהָאֻלְפָּן	*meha-'ulpan*	מֵאָמֵרִיקָה	*me'ameriqa*
מֵעִירָאק	*me^{c}iraq*	מֵחֵיפָה	*meḥefa*

Note: There are three exceptions: מִהְיוֹת, מִחוּט, מִחוּץ.

מִחוּץ לָאָרֶץ *miḥuṣ la-'áreṣ* from abroad

b בְּ *(bə-), in, at, on, with,* becomes בִּ *(bi-)* before a consonant followed by *shəva*. Note that the letters ב, ג, ד, כ, פ and ת lose the *dagesh qal*. Cf. 0:6.

בְּחֵיפָה	*bə-ḥefa*	at Haifa
בְּתֵל אָבִיב	*bə-tel 'aviv*	in Tel Aviv
בִּסְטוּדֶנְט	*bi-sṭudenṭ*	with a student
בִּדְגַנְיָה	*bi-dəganya*	at Deganiah

בְּבֵית סֵפֶר	*bə-vet sefer*	in a school

Note: -בְּיְ becomes -בִּי.

בִּירוּשָׁלַיִם	*birushalayim*	in Jerusalem

c The preposition ב combines with the definite article ה as follows: בְּ + הַ = בַּ, *in the*.

בְּקִבּוּץ	*bə-qibbuṣ*	in *a* kibbutz
בַּקִּבּוּץ	*ba-qibbuṣ*	in *the* kibbutz
בָּעִיר	*ba-ᶜir*	in the city
בֶּעָרִים	*be-ᶜarim*	in the cities

6 *And* is וְ, *(və-)*, but before words beginning with ב, ו, מ, פ and before a consonant followed by *shəva* (0:12), it is *u-*, written וּ.

וְתַלְמִיד	*və-talmid*	and a pupil
וְאֻלְפָּן	*və-'ulpan*	and an ulpan
וּבְתֵל אָבִיב	*u-və-tel 'aviv*	and in Tel Aviv

Note: -וְיְ becomes -וִי.

וִירוּשָׁלַיִם	*virushalayim*	and Jerusalem

Some Place Names

אונטריו	Ontario	מוסקבה	Moscow
אמריקה	America	מרוקו	Morocco
אנגליה	England	ניו יורק	New York
ארגנטינה	Argentina	עזה	Gaza
בוסטון	Boston	עיראק	Iraq
דגניה	Deganya	פאריז	Paris
חיפה	Haifa	פולניה	Poland
טורונטו	Toronto	רומא	Rome
ירושלים	Jerusalem	רוסיה	Russia
לונדון	London	תל אביב	Tel Aviv

Supplementary Exercise. Place the correct form of ב, מ, and ו before the following words. Supply *dagesh* where necessary.

Example: בְּחֵיפָה מֵחֵיפָה וְחֵיפָה

1.	עיראק	2.	אונטריו	3.	מוסקבה	4.	עזה
5.	דגניה	6.	יריחו	7.	ירושלים	8.	בית

LESSON 2

Vocabulary

אַנְגְּלִית	*'anglit*	English
בֹּקֶר, בוקר	*bóqer*	morning
בְּרָזִיל	*brazil*	Brazil
חֶדֶר, חֲדָרִים*	*ḥéder, ḥadarim*	room
טוֹב	*ṭov*	good
כּוֹתֵב	*kotev*	*m.sg.,* write(s)
כּוֹתֶבֶת	*kotévet*	*f.sg.,* write(s)
מְדַבֵּר	*mədabber*	*m.sg.,* speak(s)
מְדַבֶּרֶת	*mədabbéret*	*f.sg.,* speak(s)
מַה	*ma*	what
מַחְבֶּרֶת	*maḥbéret*	notebook
מִכְתָּב	*mikhtav*	letter
מְצֻיָּן, מצוין	*məṣuyyan*	excellent
סֵפֶר, ספרים*	*sefer, səfarim*	book
עִבְרִית	*^{c}ivrit*	Hebrew
עַכְשָׁו, עכשיו	*^{c}akhshav*	now
קוֹרֵא	*qore*	*m.sg.,* read(s)
קוֹרֵאת	*qoret*	*f.sg.,* read(s)

*The second form of the noun is plural.

קָפֶטֶרְיָה	*qafetérya*	cafeteria
רוּסִית	*rusit*	Russian
רְחוֹב, רְחוֹבוֹת*	*rəḥov, rəḥovot*	street
רַע	*ra*^{c}	bad
שִׂיחָה	*siḥa*	conversation

Expressions

אָה	*a*	Ah, oh
כָּכָה	*kákha*	so/so
לֹא רַע	*lo ra*^{c}	not bad
מַה שְׁלוֹמְךָ?	*ma shəlomkha?*	How are you? *(m.sg.)*
מַה שְׁלוֹמֵךְ?	*ma shəlomekh*	How are you? *(f.sg.)*
מַה שְׁלוֹמְכֶם?	*ma shəlomkhem?*	How are you? *(m.pl.)*
מַה שְׁלוֹמוֹ?	*ma shəlomo?*	How is he?
מַה שְׁלוֹמָהּ?	*ma shəlomah?*	How is she?
מַה שְׁלוֹם *x?*	*ma shəlom X?*	How is (are) X?
סְלִיחָה	*səliḥa*	Excuse me
שְׁלוֹמִי טוֹב	*shəlomi ṭov*	I'm fine
תּוֹדָה	*toda*	Thank you

Grammar

1 There are two genders in Hebrew, masculine and feminine.

a Feminine nouns *generally* end in ה ָ or ת. Some feminine nouns do not have these characteristic endings, e.g. אֶבֶן *('even), stone;* אֵם *('em), mother;* דֶּרֶךְ *(dérekh), way;* כּוֹס *(kos), glass.* Some feminine nouns so far encountered are סְטוּדֶנְטִית, מַחְבֶּרֶת, תַּלְמִידָה, כִּתָּה and הֶכֵּרוּת.
Note: Nouns ending in unaccented ה ָ or in ת which is part of the root are masculine, e.g. לַיְלָה *(láyla), night;* בַּיִת *(báyit), house;* שֵׁרוּת *(sherut), service.*

b Names of cities and countries are feminine, e.g. אֶרֶץ יִשְׂרָאֵל, *('ereṣ yisra'el), land of Israel;* קָנָדָה *(qanada), Canáda;* רוֹמָא *(roma), Rome.*

2 *Most* masculine nouns form the plural by adding ִים- *(-im)*. Nouns ending in ֶה drop this ending before adding ִים-.

תַּלְמִידִים	*talmidim*	pupils
מִכְתָּבִים	*mikhtavim*	letters
מוֹרִים	*morim*	teachers

3 *Most* feminine plural nouns end in וֹת- *(-ot)*. Note that before adding וֹת- the endings ָה or ת are dropped.

תַּלְמִידוֹת	*talmidot*	pupils
מַחְבָּרוֹת	*maḥbarot*	notebooks
סְטוּדֶנְטִיּוֹת	*sṭudénṭiyot*	students

4 Note that *some* masculine nouns will form the plural by adding וֹת-, e.g. רְחוֹב *(rəḥov), street;* רְחוֹבוֹת *(rəḥovot), streets.* Conversely, some feminine plurals end in ִים-, e.g. שָׁנָה *(shana), year;* שָׁנִים *(shanim), years;* מִלָּה *(milla), word;* מִלִּים *(millim), words. It is to be noted then that the suffixes* ִים- *and* וֹת- *are* not *in themselves masculine or feminine and do not determine the gender of the noun.* When learning a new noun, its plural should be noted.

5 The plural pronouns are:

אֲנַחְנוּ, אָנוּ* *ʾanáḥnu, ʾánu* we

אַתֶּם	*ʾattem*	you *(m.)*	אַתֶּן	*ʾatten*	you *(f.)*
הֵם	*hem*	they *(m.)*	הֵן	*hen*	they *(f.)*

*The second form of the pronoun is used in restricted cases.

6 The pronouns הוּא, הִיא, הֵם and הֵן are frequently used for the present tense of the verb *to be* and agree in number and gender with the subject.

יוֹסֵף כֹּהֵן הוּא מֵאַנְגְלִיָּה.	Joseph Cohen is from England.
הַסְּטוּדֶנְטִיּוֹת הֵן בִּירוּשָׁלַיִם עַכְשָׁו.	The students are in Jerusalem now.

7 The present tense of the verb is declined according to gender and number. There are four forms, *masculine singular* and *plural* and *feminine singular* and *plural*. The present tense of the verb *to learn* is:

lomed	לוֹמֵד	הוּא	אַתָּה	אֲנִי
lomédet	לוֹמֶדֶת	הִיא	אַתְּ	
lomədim	לוֹמְדִים	הֵם	אַתֶּם	אֲנַחְנוּ
lomədot	לוֹמְדוֹת	הֵן	אַתֶּן	

8 The present tense of *to speak* is:

mədabber	מְדַבֵּר	הוּא	אַתָּה	אֲנִי
mədabbéret	מְדַבֶּרֶת	הִיא	אַתְּ	
mədabbərim	מְדַבְּרִים	הֵם	אַתֶּם	אֲנַחְנוּ
mədabbərot	מְדַבְּרוֹת	הֵן	אַתֶּן	

9 When the verb ends in א, the feminine singular has the form קוֹרֵאת *(qoret)*. The other forms are regular.

10 The consonants of a verb are called its *root (Heb.* שֹׁרֶשׁ*)*. The consonants and vowels of any particular form are called its *stem*. The roots of לוֹמֵד, כּוֹתֵב and מְדַבֵּר are למד, כתב and דבר respectively. The present stem of למד is לוֹמֵד *(lomed-)*. It will be noted that stems may undergo vocalic changes when suffixes are added: לוֹמֵד, לוֹמֶדֶת, לוֹמְדִים.

11 A verb, such as למד, which has three consonants in the present tense, is termed a *triliteral verb* or verb of the *third conjugation*. The Hebrew name for this class of verbs is שָׁלֵם *(shalem); pl.* שְׁלֵמִים *(shəlemim)*.

Exercises. Point all verbs in *Sifron* exercises.

LESSON 3

Vocabulary

אוֹפֶּרָה, אופירה	opera	בָּא	*m.sg.*, come(s)
אֶחָד	one	בָּאָה	*f.sg.*, come(s)
אֵילַת	Eilat	בָּחוּר	young man
אֵין	there is not	בַּחוּרָה	young woman
אֵלֶּה	these	בַּנְק	bank
אָרוֹן, אֲרוֹנוֹת	closet	גָּדוֹל, גְּדוֹלָה*	large

*The second form of the adjective is feminine.

גָּר	*m.sg.*, live(s)	מִקְלַחַת	shower
גָּרָה	*f.sg.*, live(s)	נֶחְמָד, נֶחְמָדָה*	lovely, charming
גְּרוּזְיָה	Georgia	עֲפוּלָה	Afulah
דִּירָה	apartment	פְּרִיגִ'ידֶר	refrigerator
הַרְבֵּה	much, many	קִבּוּץ, קיבוץ	kibbutz
חָדָשׁ, חֲדָשָׁה*	new	קוֹנְצֶרְט	concert
טֵלֵוִיזְיָה	television	קָטָן, קְטַנָּה*	small, charming
יָפֶה, יָפָה*	beautiful, nice	רַדְיוֹ	radio
יֵשׁ	there is, are	רַק	only
כִּסֵּא, כִּסְאוֹת, כיסא	*m.*, chair	שִׁכּוּן, שיכון	residence
כֶּסֶף	money	שֻׁלְחָן, שֻׁלְחָנוֹת	*m.*, table
מוּזֵיאוֹן	museum	שולחן	*unpointed form*
מִטְבָּח	kitchen	תֵּאַטְרוֹן, תיאטרון	theatre
מִטָּה, מיטה	bed		

*The second form of the adjective is feminine.

Expressions

בְּסֵדֶר	All right	מַה נִּשְׁמָע?	What's new?

Grammar

1 Adjectives follow the noun and agree in gender and number. Most adjectives form the feminine singular by adding ◌ָה . Adjectives ending in ◌ִי - form the feminine in ◌ִית - while those adjectives ending in ◌ֶה- become ◌ָה- in the feminine.

תַּלְמִידָה טוֹבָה	a good pupil	מַחְבֶּרֶת חֲדָשָׁה	a new notebook
בַּחוּרָה יָפָה	lovely girl	אִשָּׁה רוּסִית	a Russian woman
כִּתָּה קְטַנָּה	a small class	דִּירָה גְּדוֹלָה	large apartment

Note the changes in the vowels of each word as the feminine ending is attached. They affect mainly the vowels *qamaṣ* and *ṣere* (◌ָ, ◌ֵ) which tend to become *shəva* (◌ְ) or *ḥatef* when the accent of the word changes (0:12).

2 *All* masculine plural adjectives end in ־ִים and *all* feminine plural adjectives end in ות-. The vowels within the word change as in the feminine singular, with ָx or ֵx replaced by *shəva* or *ḥatef*.

3 An adjective modifying a noun with the article takes the article also.

סֵפֶר חָדָשׁ	*a* new book	דִּירָה גְּדוֹלָה	*a* large apartment
הַסֵּפֶר הֶחָדָשׁ	*the* new book	הַדִּירָה הַגְּדוֹלָה	*the* large apartment

4 Note the following construction:

הַסְּטוּדֶנְט הַגָּר בִּרְחוֹב עַזָּה.	The student *who* lives on Gaza Street.
הַקָּנָדִי הַלּוֹמֵד בָּאֻלְפָּן.	The Canadian *who* studies in the Ulpan.

5 The interrogative מֵאַיִן, *from where,* requires in the reply the preposition מִ, *from.*

מֵאַיִן אַתָּה בָּא?	From where do you come?
אֲנִי בָּא מֵחֵיפָה.	I come from Haifa.

6 The verbs גָּר, *live, reside,* and בָּא, *come,* are conjugated in the present as follows:

בָּא	גָּר	הוּא	אַתָּה	אֲנִי
בָּאָה	גָּרָה	הִיא	אַתְּ	
בָּאִים	גָּרִים	הֵם	אַתֶּם	אֲנַחְנוּ
בָּאוֹת	גָּרוֹת	הֵן	אַתֶּן	

These verbs have two consonants in the root and belong to the *second* conjugation.

Exercises. In ex. 4 on page 16 in *Sifron* point ב. In ex. 6 on page 17 point verbs.

LESSON 4

Vocabulary

אוֹכֵל	eat(s)	לִשְׁתּוֹת	*inf.*, to drink
אִמָּא	Mother	מַיִם	*m.pl.*, water
אַרְכִיטֶקְטוּרָה	architecture	מֶלְצַר	waiter
בְּלִי	without	מֶלְצָרִית	waitress
בָּרִיא	healthy	מִסְעָדָה	restaurant
בָּשָׂר	meat	מָרָק	soup
גּוּלָשׁ	goulash	סְטֵק, סטייק	steak
הוֹלֵךְ	go(es)	סֻכָּר, סוכר	sugar
הַזְמָנָה	invitation	עֻגָּה, עוגה	cake
ווֹדְקָה	vodka	עִם	with
חַם	hot	צִ'יפְּס	french fries
יַיִן	wine	קָפֶה	coffee
כִּי	because	קַר	cold
לֶאֱכֹל, לאכול	*inf.*, to eat	רוֹצֶה, רוֹצָה	want(s)
לְאָן?	where to?	רָץ, רָצָה	run(s)
לִי	to me	שׁוֹתֶה, שׁוֹתָה	drink(s)
לָמָה?	why?	שַׁמְפַּנְיָה	champagne
לָנוּ	to us	תֶּה	tea
לִקְרֹא, לקרוא	*inf.*, to read		

Expressions

בְּבַקָּשָׁה	Please	מַה עוֹד?	What else?
בְּתֵאָבוֹן!	Hearty appetite!	שָׁלוֹם רַב!	Hello there!

25

Grammar

1 The verbs רוֹצֶה, *want,* and שׁוֹתֶה, *drink,* are conjugated in the present as follows:

שׁוֹתֶה	רוֹצֶה	הוּא	אַתָּה	אֲנִי
שׁוֹתָה	רוֹצָה	הִיא	אַתְּ	
שׁוֹתִים	רוֹצִים	הֵם	אַתֶּם	אֲנַחְנוּ
שׁוֹתוֹת	רוֹצוֹת	הֵן	אַתֶּן	

Verbs of this class have two consonants and an extra vowel at the end. Here the ה is a vowel letter and has no consonantal value. The stem of רוֹצֶה is -רוֹצ *(roṣ-)* and it has the ending ה ֶ- *(-eh).* Some grammarians refer to these verbs as verbs of the *first* conjugation.

2 Infinitives in Hebrew are preceded by the preposition -ל, *to.*

The infinitive of the first conjugation follows the pattern:

לִרְצוֹת to want לִשְׁתּוֹת to drink

This consists of the preposition -לִ, the stem -רְצ-, -שְׁתּ-, and the ending וֹת-.

The infinitive of the second conjugation has no ending. It is always prefixed by -לָ and generally has a stem on the pattern of -גוּר-, -רוּץ. In some verbs there is an -*i*-vowel.

לָגוּר to live לָרוּץ to run

לָשִׁיר to sing לָשִׂים to place

Note: The infinitive of בָּא is לָבוֹא, *to come.*

The infinitive of the third conjugation has the form:

לִכְתֹּב to write לִלְמֹד to study לִקְרֹא to read

Many verbs of this conjugation are irregular and will be listed in the vocabulary.

3 The infinitive is used as in English.

הַסְּטוּדֶנְטִים רוֹצִים לִשְׁתּוֹת. The students want to drink.

הוּא רוֹצֶה לִכְתֹּב מִכְתָּבִים. He wants to write letters.

4 The preposition ל combines with the definite article as does ב (1:1c).

5 The interrogative, לְאָן, *to where,* requires in the reply the preposition ל, *to.*

לְאָן רָץ דָּנִי? Where is Danny running?

הוּא רָץ לָאֻלְפָּן הֶחָדָשׁ. He is running to the new Ulpan.

LESSON 5

Vocabulary

אֲגוֹרָה	agora
אִגֶּרֶת,אִגְּרוֹת	letter
אָדֹם,אדום	red
בּוּל	stamp
גְּלוּיָה	postcard
הִנֵּה	here is, are
הַפְסָקָה	intermission
חֲבִילָה	package
חָבֵר	*m.sg.*, friend
חֲבֵרָה	*f.sg.*, friend
כַּמָּה	how much, many
לָבָן	white
לִירָה יִשְׂרְאֵלִית	Israel pound
לִקְנוֹת	*inf.*, to buy
לַעֲלוֹת	*inf.*, to cost
לַעֲשׂוֹת	*inf.*, to do
לִשְׁלֹחַ,לשלוח	*inf.*, to send
מָתֵמָטִיקָה	mathematics
עוֹד	*here*, plus
עוֹלֶה	cost(s)
עוֹשֶׂה	do(es)
צָרִיךְ,צְרִיכָה	must, need(s)
קוֹנֶה	buy(s)
קוֹקָה קוֹלָה	Coca-Cola
קְצָת	a little
קָקָאוֹ	cocoa
שׁוֹלֵחַ	*m.sg.*, send(s)
שׁוֹלַחַת	*f.sg.*, send(s)
תֵּן!	*m.sg.*, give!
תְּנִי!	*f.sg.*, give!

Expressions

אַרְצוֹת הַבְּרִית	United States
ארה"ב	*abbreviation*
בֵּית קָפֶה	coffee house

Grammar

1 The unit of Israel currency is the *lira* or *pound*, known officially as the *Israel pound* or לִירָה יִשְׂרְאֵלִית, abbreviated ל"י, English *IL*. It consists of one hundred *agorot* (sg. *agora*).

2 כַּמָּה means *how much* or *how many*; the verb עוֹלֶה means *cost(s)*.

כַּמָּה עוֹלֶה הַסֵּפֶר?	How much is the book?
הַקּוֹלָה צְרִיכָה לַעֲלוֹת (בְּ)שָׁלֹשׁ לִירוֹת וַחֲמִשִּׁים אֲגוֹרוֹת עַכְשָׁו.	The coke must cost three pounds fifty agorot now.

Note the following construction:

בּוּל בְּתִשְׁעִים אֲגוֹרוֹת a stamp which costs ninety agorot

יַיִן בְּשֶׁבַע לִירוֹת wine for seven pounds

3 The numerals from one to ten taught in this lesson are feminine and are to be used only with feminine nouns. (See above, p.13) The corresponding masculine numerals are given in Lesson 6. Multiples of ten and מֵאָה, *hundred,* are used for both masculine and feminine.

עֶשְׂרִים וְתֵשַׁע תַּלְמִידוֹת twenty-nine pupils

שְׁלֹשׁ מֵאוֹת סְטוּדֶנְטִים three hundred students

Note that all numerals precede the noun except אַחַת, *one.*

אַרְבַּע תַּלְמִידוֹת *but* תַּלְמִידָה אַחַת

The number שְׁתַּיִם has the special form שְׁתֵּי when it precedes a noun.

כַּמָּה יֵשׁ? שְׁתַּיִם. How many are there? Two.

But:

יֵשׁ שְׁתֵּי מַחְבָּרוֹת. There are two notebooks.

4 Besides the set of pronouns אֲנִי, אַתָּה, הוּא etc., Hebrew possesses a set of pronominal suffixes corresponding to English *me, you, him,* etc. as well as to *my, your, his* which are attached to prepositions. The pronominal suffixes may differ slightly according to the word to which they are attached but their basic forms are as follows.

Singular	*Plural*
-ִי	-ֵנוּ, -ָנוּ
-ְךָ	-כֶם
-ֵךְ, -ָךְ	-כֶן
-וֹ	-ָם, -הֶם
-ָהּ	-ָן, -הֶן

5 The following table shows how these are attached to ל, *to,* and ב, *in, with:*

	Singular	*Plural*	*Singular*	*Plural*
1	לִי	לָנוּ	בִּי	בָּנוּ
2m	לְךָ	לָכֶם	בְּךָ	בָּכֶם
2f	לָךְ	לָכֶן	בָּךְ	בָּכֶן
3m	לוֹ	לָהֶם	בּוֹ	בָּהֶם
3f	לָהּ	לָהֶן	בָּהּ	בָּהֶן

6 Note the present of שלח, *send*, and שמע, *hear*, in the singular:

Masculine	*Feminine*	*Masculine*	*Feminine*
שׁוֹלֵחַ	שׁוֹלַחַת	שׁוֹמֵעַ	שׁוֹמַעַת

This change in vowelling takes place when the third consonant of the root is ח or ע. See 0:10.

7 The infinitives of עלה and עשה are לַעֲלוֹת and לַעֲשׂוֹת respectively. This formation occurs when the first letter of the root is ח or ע, e.g. לַחְשֹׁב, *to think*. See 0:11.

8 צָרִיךְ, *must*, is followed by an infinitive.

דָּן צָרִיךְ לִלְמֹד עִבְרִית. Dan must learn Hebrew.

Exercises. Point all forms of *lamed* in ex. 8 and 9, page 31 in *Sifron*.

LESSON 6

Vocabulary

אֲבָל	but	בְּנֵי-דוֹדִים	*m.*, cousins
אוֹהֵב	*v.*, love(s)	בַּעַל	husband
אָח, אַחִים	brother	בַּת, בָּנוֹת	daughter
אָחוֹת, אֲחָיוֹת	sister	בַּת-דוֹד(ָה)	*f.*, cousins
אִשָּׁה, אישה	woman, wife	דוֹד	uncle
אַשְׁקְלוֹן	Ashkelon	דוֹדָה	aunt
בֵּן, בָּנִים	son	הוֹרִים	parents
בֶּן-דוֹד	*m.*, cousin	חֲצִי	half

יֶֽלֶד, יְלָדִים	boy	סָפּוּר, סיפור	story
יַלְדָּה, יְלָדוֹת	girl	עֲבוֹדָה	work
מְסַפֵּר	tell(s)	עוֹד	more, other
מִשְׁפָּחָה	family	עֶֽרֶב	evening
נֶֽכֶד, נְכָדִים	grandson	עִתּוֹן, עיתון	newspaper
נֶכְדָּה, נְכָדוֹת	granddaughter	צָעִיר, צְעִירָה	young
נָשִׁים	f., women	צָרָה	trouble
נְתַנְיָה	Netanya	קִיֽוֹסְק	kiosk
סָבָא	grandfather	קָרוֹב	relative
סָבְתָא	grandmother	שׁוֹאֵל	ask(s)

Expressions

בֶּאֱמֶת	really, indeed	יֹֽפִי! יוֹפִי!	Great! Terrific! (*lit.* beauty)
הַבַּֽיְתָה	home(ward)		

Grammar

1 There is no verb *to have* in Hebrew. This is expressed by יֵשׁ plus the proper form of לְ (5:5) plus the noun. The negative of יֵשׁ is אֵין.

יֵשׁ לִי בַּֽיִת.   I have a house.

אֵין לָֽנוּ דּוֹד.   We do not have an uncle.

לַתַּלְמִידִים יֵשׁ מוֹרֶה טוֹב.   The pupils have a good teacher.

אֵין לָהֶם מַחְבֶּֽרֶת.   They do not have a notebook.

2 The numerals from one to ten in this lesson are masculine and are to be used with masculine nouns. Note that the number שְׁנַֽיִם has the special form שְׁנֵי when it precedes a noun. See 5:3.

3 Age is expressed by בֶּן or בַּת plus the feminine number.

דָּֽנִי, בֶּן כַּמָּה אַתָּה?   Danny, how old are you?

אֲנִי בֶּן עֶשְׂרִים וְשָׁלֹשׁ.   I am twenty-three.

חַנָּה בַּת שְׁמוֹנֶה עֶשְׂרֵה וָחֵֽצִי.   Hannah is eighteen and a half.

4 In telling time, feminine numbers are used.

שְׁתַּיִם 2:00	שְׁתֵּים עֶשְׂרֵה וָחֵצִי 12:30
אַרְבַּע וְאַרְבָּעִים 4:40	רֶבַע לְתֵשַׁע quarter to nine

5 Two-syllable nouns with a *segol* in the second syllable are always stressed on the first syllable. Such nouns are called *segolate* nouns. The only exceptions are אֱמֶת, *truth;* בַּרְזֶל, *iron;* גַּרְזֶן, *axe.*

All these nouns form their plurals by turning their first vowel into a *shəva* or *ḥatef* and their second into a *qamaṣ*.

סְפָרִים   יְלָדִים   נְכָדִים   חֲדָרִים   כְּסָפִים

6 The feminine of יֶלֶד is יַלְדָּה; of נֶכֶד, נֶכְדָּה. They form their plurals like the segolates: יְלָדוֹת, נְכָדוֹת.

7 The verb מְסַפֵּר, *tells,* is declined in the same manner as מְדַבֵּר, *speaks.* The infinitives are לְסַפֵּר and לְדַבֵּר respectively.

8 The infinitive of אוֹהֵב is לֶאֱהֹב. This pattern occurs when the first letter of the root is א. Similarly, the infinitive of אוֹכֵל is לֶאֱכֹל, *to eat.*

9 Note the present of אהב and שאל in the plural:

Masculine	*Feminine*	*Masculine*	*Feminine*
אוֹהֲבִים	אוֹהֲבוֹת	שׁוֹאֲלִים	שׁוֹאֲלוֹת

This change in vowelling takes place when the second consonant of the root is א, ה, ח or ע. See 0:13.

Exercises. Point the verbs to be supplied on page 39 in *Sifron*.

LESSON 7

Vocabulary

אוּלַי	perhaps	לִפְנֵי	before
אָז	then	מָחָר	to-morrow
אֶתְמוֹל	yesterday	מְאֻחָר, מאוחר	*adv.*, late
בְּחִינָה	examination	מָתַי?	when?
זוֹכֵר	remember(s)	נָכוֹן	true
לַיְלָה	*m.*, night	פֶּתֶק	note, message
לִישֹׁן	*inf.*, to sleep	קָם	get(s) up

שׁוּב again   שְׁנָתַֿיִם, שנתיים two years

שָׁנָה year   שִׁעוּר, שיעור lesson

Expressions

אֵין דָּבָר! No matter!   מַה הַשָּׁעָה? What time is it?

חֲבָל מְאֹד! Too bad!   מַה לַעֲשׂוֹת? What can be done?

לְהִתְרָאוֹת! Be seeing you!

Grammar

1 The past tense of the verb in Hebrew is conjugated according to first, second, and third person as well as gender and number.

2 The past stem of the second conjugation follows the pattern *ras-*, *gar-*, *qam-*, *shar-*, and *sam-*. It takes suffixes as follows:

	Singular	Plural	Singular	Plural
1m	גַּֿרְתִּי	גַּֿרְנוּ	שַׁרְֿתִּי	שַֿׁרְנוּ
2m	גַּֿרְתָּ	גַּרְתֶּם	שַׁרְֿתָּ	שַׁרְתֶּם
2f	גַּרְתְּ	גַּרְתֶּן	שַׁרְתְּ	שַׁרְתֶּן
3m	גָּר	גָּֿרוּ	שָׁר	שָֿׁרוּ
3f	גָּֿרָה		שָֿׁרָה	

As is often the case, the stem vowel in the third person differs from that in the first and second:

גַּֿרְתִּי *but* גָּר   שַׁרְֿתִּי *but* שָׁר

Note too the difference in stress between גָּרָה, *she lives*, and גָּֿרָה, *she lived*.

In the past of בָּא, *came*, the *'alef* loses its consonantal value and the *a*-vowel is lengthened to *qamaṣ*. The *tav* in the suffixes then loses its *dagesh* since it now follows an open syllable.

	Singular	*Plural*
1	בָּאתִי	בָּאנוּ
2m	בָּאתָ	בָּאתֶם
2f	בָּאת	בָּאתֶן
3m	בָּא	בָּאוּ
3f	בָּאָה	

3 Although the verb *to be* does not exist in Hebrew in the present tense, it does in the past and future tenses. The third person past tense forms are:

הָיָה he was   הָיְתָה she was   הָיוּ they were

4 *Ago* is expressed by לִפְנֵי (*lit.* before).

בָּאתִי לִירוּשָׁלַיִם לִפְנֵי שָׁנָה. I came to Jerusalem a year ago.

5 *This morning, to-day, this year,* etc. are expressed by the noun plus the definite article.

הַיּוֹם to-day	הַבֹּקֶר this morning
הַשָּׁנָה this year	הָעֶרֶב this evening

6 Nouns denoting time are used in the singular from eleven upwards.

הֵם בָּאוּ לִירוּשָׁלַיִם לִפְנֵי מֵאָה שָׁנָה.	They came to Jerusalem one hundred years ago.
דָּנִי הָיָה בְּקָנָדָה שְׁנֵים עָשָׂר יוֹם.	Danny was in Canada twelve days.

7 The present of יָשֵׁן, *sleep,* is:

יָשֵׁן	הוּא	אַתָּה	אֲנִי
יְשֵׁנָה	הִיא	אַתְּ	
יְשֵׁנִים	הֵם	אַתֶּם	אֲנַחְנוּ
יְשֵׁנוֹת	הֵן	אַתֶּן	

Vocabulary for Reading on p. 46

בָּנָה he built	יְהוּדִי *m.,* Jew
חָזְרוּ they returned	יְהוּדִיָּה *f.,* Jewess

מִחוּץ לְ	outside of	עִיר, עָרִים	*f.*, city
מֹשֶׁה מוֹנְטִיפְיוֹרִי	Moses Montefiore	פָּחֲדוּ	they feared
מִשְׁכְּנוֹת שַׁאֲנַנִּים	The Tranquil Dwelling Places	שְׁכוּנָה	neighbourhood
עַתִּיק, עַתִּיקָה	ancient	שֵׁם	name

Exercises. Point all verbs in ex. 6 on page 48 in *Sifron*.

LESSON 8

Vocabulary

אָדוֹן	Mr.	מֻכְרָח, מֻכְרָחָה	must *(stronger*
אֲדוֹנִי	sir	מוכרח	*than* צָרִיךְ*)*
אַחֲרֵי	*prep.*, after	מִצְטַעֵר, מִצְטַעֶרֶת	am, is sorry
גֶּשֶׁם	rain	מַתְחִיל, מַתְחִילָה	begin(s)
דַּקָּה	minute	עַד	until
דִּיסְקוֹטֶק	discotheque	עוֹבֵד	work(s)
יָכֹל, יְכֹלָה	can, able	רֶבַע	quarter
יכול	*unpointed form*	שֶׁל	of
כְּבָר	already	שִׂמְלָה, שְׂמָלוֹת	dress
לְחַכּוֹת לְ	*inf.*, to wait for	שָׁעָה	hour
לָלֶכֶת	*inf.*, to go	שָׁעוֹן	watch
מְחַכֶּה, מְחַכָּה	wait(s)		

Expressions

בְּדִיּוּק	exactly	בְּיַחַד	together

Grammar

1 Note the following construction:

קַמְתִּי בְּשֶׁבַע וָרֶבַע בַּבֹּקֶר. I awoke at 7:15 in the morning.

2 The indefinite subject (English *one, they*; French *on*; Yiddish
מען) is expressed in Hebrew by using the m. pl. present verb
form.

מָה רוֹאִים בְּמוֹנְטְרִיאָל?   What does one see in Montreal?

קוֹרְאִים הַרְבֵּה בָּאוּנִיבֶרְסִיטָה.   They read a lot at university.

3 מֻכְרָח, *must,* is followed by the infinitive.

הֵם מֻכְרָחִים לִלְמֹד עִבְרִית.   They must learn Hebrew.

4 The third person future tense forms of the verb *to be* are:

יִהְיֶה   he will be   תִּהְיֶה   she will be   יִהְיוּ*   they will be

*The special feminine form used in writing is תִּהְיֶינָה.
5 To express *in 1977,* it is possible to use a number following
בִּשְׁנַת, *in the year of,* or -בְּ, *in,* or the following:

בִּשְׁנַת (-בְּ) אֶלֶף תְּשַׁע מֵאוֹת שִׁבְעִים וָשֶׁבַע

6 The days of the week are listed above on p. 12.

Vocabulary for Reading on p.55

בּוֹס	*m.,* boss	יוֹדֵעַ	know(s)
בּוֹסִית	*f.,* boss	לְהִת'	*abbreviation of* לְהִתְרָאוֹת
בְּסֵדֶר	fine	מְשֻׁגָּע, מְשֻׁגַּעַת	crazy
הַלוֹ	hello *(phone)*	קֵרָמִיקָה	ceramics
זְמַן	time	קָשֶׁה	difficult
חַיִּים	*m.pl.,* life	שָׁבוּעַ, שָׁבוּעוֹת	*m.,* week

LESSON 9

Vocabulary

אַחֵר, אַחֶרֶת	another	בֶּגֶד	garment
אֵיזֶה	which	בֶּדְוִי, בידואי	Bedouin
אֵירוֹפָּה	Europe	גב'	*abbreviated form*
אָמַר*	to say	גְּבֶרֶת	Miss, Mrs.
אִשְׁתּוֹ	his wife	זוֹל	inexpensive

35

חֹדֶשׁ, חֳדָשִׁים**	month	מְעִיל	coat
חַלּוֹן, חַלּוֹנוֹת	*m.*, window	סְוֶדֶר	sweater
חֻלְצָה, חולצה	shirt	פִילוֹסוֹפְיָה	philosophy
חֲנוּת, חֲנֻיּוֹת	store	צֶבַע	colour
יָקָר, יְקָרָה	expensive	רָאִיתִי	I saw
יָרֹק, ירוק	green	רִאשׁוֹן	first
כָּחֹל, כחולה	blue	רוֹאֶה	see(s)
כִּיס	pocket	שְׁאֵלָה	question
לָבַשׁ*	to put on, wear	שַׁבָּת, שַׁבָּתוֹת	Sabbath
מוֹכֵר	salesman	שָׁחֹר, שחור	black
מוֹכֶרֶת	saleslady	שָׁכַח*	to forget
מָכַר*	to sell	שְׁלִישִׁי	third
מְסִבָּה, מסיבה	party	שֵׁנִי	second

*Verbs will generally be listed according to 3m.sg. past tense as is done in dictionaries.
**The *ḥataf qamaṣ* is pronounced as *ḥolam*.

Expressions

דֹּאַר אֲוִיר	airmail	חֲנוּת בְּגָדִים	clothing store
הִנֵּה!	Look here!		

Grammar

1 The names of many colours follow the pattern *xxx*, e.g. אָדֹם, *red;* כָּחֹל, *blue;* יָרֹק, *green;* צָהֹב, *yellow*.
These form a distinct class of words and form their plural and feminine by the addition of *dagesh* in the third root letter. Therefore ב, כ and פ become בּ, כּ and פּ.

m.sg.	*f.sg.*	*m.pl.*	*f.pl.*
אָדֹם	אֲדֻמָּה	אֲדֻמִּים	אֲדֻמּוֹת
יָרֹק	יְרֻקָּה	יְרֻקִּים	יְרֻקּוֹת
צָהֹב	צְהֻבָּה	צְהֻבִּים	צְהֻבּוֹת

However, note the common exceptions שָׁחֹר, *black;* לָבָן, *white;* חוּם, *brown.*

m.sg.	*f.sg.*	*m.pl.*	*f.pl.*
שָׁחֹר	שְׁחֹרָה	שְׁחֹרִים	שְׁחֹרוֹת
לָבָן	לְבָנָה	לְבָנִים	לְבָנוֹת
חוּם	חוּמָּה	חוּמִּים	חוּמוֹת

2 The word צֶבַע is a segolate. Segolates take a *pataḥ* before final ח or ע, e.g. פֶּתַח, *entrance;* פֶּרַח, *flower.*

3 The preposition אֶת is placed before a direct object which has the definite article or is a proper noun.

הוּא קוֹנֶה סֵפֶר. He buys *a* book.

הוּא קוֹנֶה אֶת הַסֵּפֶר. He buys *the* book.

הוּא רוֹאֶה אֶת חַנָּה. He sees Hannah.

4 The endings of the past tense of the third conjugation are the same as those of the second. The past of כתב, *wrote,* is:

	Singular	*Plural*
1	כָּתַבְתִּי	כָּתַבְנוּ
2m	כָּתַבְתָּ	כְּתַבְתֶּם
2f	כָּתַבְתְּ	כְּתַבְתֶּן
3m	כָּתַב	כָּתְבוּ
3f	כָּתְבָה	

Note the shortening of the first *a*-vowel in כְּתַבְתֶּם(תֶּן) and of the second in כָּתְבָה and כָּתְבוּ due to the shift in stress.

5 Note also the following points concerning the third conjugation past.

a With a guttural consonant, *shəva* becomes *ḥatef. You said* is אֲמַרְתֶּם; שָׁאַל is *he asked* but *she asked* is שָׁאֲלָה and *they asked* is שָׁאֲלוּ.

b Where the third consonant of the root is ח or ע, the second feminine singular ends in *-at* instead of *-t.*

יָדַעַתְּ you knew   שָׁכַחַתְּ you forgot

Note that these forms are written and rarely used colloquially.

c Where the third consonant of the root is א, the verb is conjugated as in the following paradigm of קָרָא, *read.*

	Singular	*Plural*
1m	קָרָאתִי	קָרָאנוּ
2m	קָרָאתָ	קְרָאתֶם
2f	קָרָאת	קְרָאתֶן
3m	קָרָא	קָרְאוּ
3f	קָרְאָה	

As in the past of בָּא (7:2), in most of these forms the א loses its consonantal value and the *a*-vowel is lengthened to *qamaṣ*. The *tav* in the suffixes then loses its *dagesh* since it now follows an open syllable.

Vocabulary for Reading on p.64

אֱלִיעֶזֶר בֶּן יְהוּדָה	Eliezer ben Yehuda	דִּבְּרוּ	they spoke
אֲנָשִׁים	people	מְעַט	few
דִּבֵּר	he spoke	עוֹלֶה חָדָשׁ	(new) immigrant

Exercises. Point all verbs in exercises in *Sifron*.
Supplementary Exercise. Rewrite the following sentences in the past tense, then rewrite them again in the plural. Point verbs.

Example: היא אוֹכֶלֶת חומוס. היא אָכְלָה חומוס. הן אָכְלוּ חומוס.

1 הוא יודע לדבר עברית.

2 אני קורא ספר טוב.

3 הסטודנטית שואלת את המורה.

4 אתה לומד רוסית באוניברסיטה.

5 את לובשת שמלה חדשה.

6 אני כותבת במחברת.

7 התלמיד שולח מכתב לחיפה.

8 אתה אומר שלום לחברים.

9 היא מוכרת מעיל לסטודנט.

10 את שולחת חבילה להם.

LESSON 10

Vocabulary

אֵיךְ	how
אֹכֶל, אוכל	food
אֳנִיָּה, אוניה	ship
הַבָּא, הַבָּאָה	the next
וִיסְקִי	whiskey
חוּמוּס	an Oriental food
כְּבִישׁ	road
לָדַעַת	to know
	inf. of יָדַע
לִנְסֹעַ, לנסוע	to travel
	inf. of נָסַע
לַעֲבֹר, לעבור	to cross, pass
	inf. of עָבַר
לַעֲלוֹת	*here,* to board
	inf. of עָלָה
לָרֶדֶת	*here,* to get off
	inf. of יָרַד
לָשֶׁבֶת	to sit
	inf. of יָשַׁב
מָטוֹס	airplane
מִיץ	juice
מֶנְזָה	name of cafeteria
מִסְפָּר	number
מָקוֹם, מְקוֹמוֹת	*m.,* place
נֶהָג	driver
נוֹסֵעַ, נוֹסַעַת	passenger
נָח	to rest
סְפָרַד	Spain
עַזָּה	Gaza
עַל-יַד	alongside
עָמַד	*here,* to stop
פָּשׁוּט	simple
צָרְפַת	France
רַכֶּבֶת, רַכָּבוֹת	train
שֵׁרוּת	service
שָׁתָה	he drank
שָׁתוּ	they drank
שָׁתִיתִי	I drank
תַּחֲנָה	station; stop
תַּפּוּז	orange

Expression

בָּרֶגֶל	on foot

Grammar

1 Many verbs having י as the first root letter form their infinitives as follows:

יָשַׁב he sat   לָשֶׁבֶת to sit

יָרַד he went down   לָרֶדֶת to go down

יָדַע he knew   לָדַעַת* to know

*This change in vowelling occurs because the third consonant of the root is ע.

Note also:

הָלַךְ he went   לָלֶכֶת to go

2 The word שַׁעַר, *gate*, is a segolate. Segolates take a *patah* in both syllables when the second root letter is ח or ע, e.g. דַּעַת, *knowledge*; פַּחַד, *fear*.

3 *Last* is expressed by שֶׁעָבַר, שֶׁעָבְרָה.

בַּחֹדֶשׁ שֶׁעָבַר לָמַדְתִּי בָּאֻלְפָּן. Last month I studied in the ulpan.

בַּשָּׁנָה שֶׁעָבְרָה נָסַעְנוּ לְשָׁם. Last year we travelled there.

Next is expressed by הַבָּא, הַבָּאָה.

בַּשָּׁבוּעַ הַבָּא יִהְיֶה בְּתֵל־אָבִיב. Next week he will be in Tel Aviv.

בַּשָּׁנָה הַבָּאָה תִּהְיֶה בְּאֵירוֹפָּה. Next year she will be in Europe.

4 The future tense in Hebrew is formed by adding prefixes to the stem as well as suffixes. The future stem of a second conjugation verb is the same as that of its infinitive (4:2), e.g. לָ-שִׁיר, לָ-גוּר.
The future of גוּר, *live*, and שִׁיר, *sing*, is:

	Singular	Plural	Singular	Plural
1m	אָגוּר	נָגוּר	אָשִׁיר	נָשִׁיר
2m	תָּגוּר		תָּשִׁיר	
		תָּגוּרוּ		תָּשִׁירוּ
2f	תָּגוּרִי		תָּשִׁירִי	
3m	יָגוּר		יָשִׁיר	
		יָגוּרוּ		יָשִׁירוּ
3f	תָּגוּר		תָּשִׁיר	

a   There is a special feminine form for 2pl. and 3pl. in the future:

תִּגְּרְנָה תְּשַׁרְנָה

These forms are not used frequently in speech but are used in formal writing. They will be given here principally for recognition.

b The future stem of בָּא is the same as that of its infinitive, לָ-בוֹא. The future of בָּא is:

	Singular	*Plural*
1m	אָבוֹא	נָבוֹא
2m	תָּבוֹא	תָּבוֹאוּ
2f	תָּבוֹאִי	
3m	יָבוֹא	יָבוֹאוּ
3f	תָּבוֹא	

Feminine plural: תָּבֹאנָה

5 Names of languages are frequently based on the names of countries.

עֲרָב	Arabia	עֲרָבִית	Arabic
סִין	China	סִינִית	Chinese
צָרְפַת	France	צָרְפָתִית	French
יַפָּן	Japan	יַפָּנִית	Japanese
סְפָרַד	Spain	סְפָרַדִּית	Spanish

a Names of countries ending in -יָה drop this ending and add -ִית.

אַנְגְלִיָּה	England		אַנְגְלִית	English
גֶּרְמַנְיָה	Germany		גֶּרְמָנִית	German
פּוֹלַנְיָה	Poland		פּוֹלָנִית	Polish
רוּסְיָה	Russia		רוּסִית	Russian
שְׁבֶדְיָה	Sweden		שְׁבֶדִית	Swedish
אִיטַלְיָה	Italy	*but*	אִיטַלְקִית	Italian

Vocabulary for Reading on p. 67

בִּנְיָן	building	מִשְּׂמֹאל	on the left
הַר הַצּוֹפִים	Mount Scopus	רְחוֹב אַגְרוֹן	Agron St.
טֶרָה סַנְטָה	Terra Sancta	רְחוֹב מַמִילָּא	Mamilla St.
יָשָׁר	straight	שַׁעַר יָפוֹ	Jaffa Gate
מִיָּמִין	on the right	שַׁעַר שְׁכֶם	Shechem Gate (also known as Damascus Gate)
מָלוֹן, מְלוֹנוֹת	*m.*, hotel		

Supplementary Exercise. Change past to future. Point verbs.

Example: דני <u>גָּר</u> בעיר בקיץ. דני <u>יָגוּר</u> בעיר בקיץ.

1 הם באו לגור בטורונטו.
2 היא רצה אל האוטובוס.
3 אני גרתי בשיכון חדש.
4 אתם שרתם שירים יפים.
5 אנחנו באנו לחיפה.
6 אתה קמת בשבע הבוקר.
7 הוא שם בול על הגלויה.
8 אתן שמתן את החבילות בדואר.

LESSON 11

Vocabulary

אַבָּא	Dad	טִיּוּל	trip, excursion
אֶרֶץ, אֲרָצוֹת	*f.*, country	טִיֵּל, טייל	to take a trip
בִּקֵּר, ביקר	to visit	יָקָר	dear
גָּלִיל	Galilee	יָשַׁן (יָשֵׁן)	to sleep
גָּלֶרְיָה	gallery	כָּל	all
דִּבֵּר, דיבר	to speak	כִּנֶּרֶת	Lake Kinneret
חוֹף	shore, beach	לִירֶטָה	Italian lira
חָשַׁב	to think	מִשְׁפָּחָה	family
טְבֶרְיָה	Tiberias	נֶהְדָּר, נֶהְדֶּרֶת	wonderful

נְשִׁיקָה	kiss	צַיָּר, צייר	artist
סוּפֶּרְסַל	*a supermarket*	צְפַת	Safed
סִפֵּר, סיפר	to tell	שִׁלֵּם, שילם	to pay
עַל	about, on		

Expressions

דְּרִישַׁת שָׁלוֹם!	Regards!	נ.ב.	P.S. *(stands for* נִכְתַּב בַּצַּד)
מִשְׁפַּחַת גּוֹלְד	the Gold family		

Grammar

1 The preposition שֶׁל, *from*, takes the pronominal suffixes as follows:

	Singular	*Plural*
1m	שֶׁלִּי	שֶׁלָּנוּ
2m	שֶׁלְּךָ	שֶׁלָּכֶם
2f	שֶׁלָּךְ	שֶׁלָּכֶן
3m	שֶׁלּוֹ	שֶׁלָּהֶם
3f	שֶׁלָּהּ	שֶׁלָּהֶן

To indicate possession, one uses the definite article plus the proper form of שֶׁל:

הַבַּיִת שֶׁלִּי	my house	הַסְּפָרִים שֶׁלְּךָ	your books

2 The verbs that we have studied so far all belong to a pattern of declension known in Hebrew as a *binyan* (*lit.* building, structure). A system of *binyanim* is characteristic of all Semitic languages. Hebrew has seven. They are formed by adding special prefixes to the verb or by altering the stem by changing the vowels or doubling a consonant. In this fashion, one root can be given several connotations: active, passive, causative, reflexive, etc. Although nothing like this exists in English, one may imagine an English "root" *st* applied in various *binyanim* to yield *sit, set, seat, settle, saddle,* etc.

The verbs that we have formally studied belong to *binyan qal* (the simple *binyan*). *Binyan qal* is known also as פָּעַל *(paᶜal)* because its third person masculine singular past form follows this pattern in the third conjugation (כָּתַב, לָמַד, etc.).

3 The *binyan* we encounter in this lesson is known as *binyan piᶜel* since that is the pattern of the third masculine singular past

form in the third conjugation. It is characterized by the doubling *(dagesh ḥazaq)* of the second consonant (except of course when that consonant is a guttural).* The past stem of the third conjugation *pi^cel* שִׁלֵּם, *to pay*, is *shillem* and it is conjugated as follows:

	Singular	*Plural*
1	שִׁלַּמְתִּי	שִׁלַּמְנוּ
2m	שִׁלַּמְתָּ	שִׁלַּמְתֶּם
2f	שִׁלַּמְתְּ	שִׁלַּמְתֶּן
3m	שִׁלֵּם	שִׁלְּמוּ
3f	שִׁלְּמָה	

Notice that the *i*-vowel of the stem changes to *a* before those suffixes that begin with a consonant:

שִׁלֵּם *but* שִׁלַּמְתִּי

This phenomenon occurs in other *binyanim* and is known as *Philippi's Law.*

In unpointed spelling of the *pi^cel*, an orthographic *yod* is added: שילמתי, שילמת, etc.

4 The infinitive of the third conjugation *pi^cel* follows the pattern:

לְטַיֵּל   לְבַקֵּר   לְשַׁלֵּם   לְדַבֵּר

5 The present stem of third conjugation *pi^cel* is -שַׁלֵּם-, -*shallem*-, like the infinitive. The present tense is characterized by the prefix מְ.

אֲנִי	אַתָּה	הוּא	מְשַׁלֵּם
	אַתְּ	הִיא	מְשַׁלֶּמֶת
אֲנַחְנוּ	אַתֶּם	הֵם	מְשַׁלְּמִים
	אַתֶּן	הֵן	מְשַׁלְּמוֹת

Exercise. Point the words to be supplied in the exercises on pp. 73-75 in *Sifron.*

*If the second root consonant is א or ר, the first consonant takes *ṣere* instead of *ḥiriq* in the past and *qamaṣ* instead of *pataḥ* in the present.

הַסְּפָרִים תֵּאֲרוּ אֶת הָעִיר. (מְתָאֲרִים) The books **describe**(d) the city.

אַבָּא בֵּרֵךְ אֶת הַיֶּלֶד. (מְבָרֵךְ) Father blessed (blesses) the boy.

LESSON 12

Vocabulary

אֹזֶן, אָזְנַיִם	*f.*, ear
אוזניים	*unpointed*
אַסְפִּירִין	aspirin
אַף	*m.*, nose
אֶצְבַּע, אֶצְבָּעוֹת	*f.*, finger
אֵצֶל	to, at, *chez*
אָרֹךְ, אֲרֻכָּה	long
ארוך	*unpointed*
בָּדַק	to examine
בֶּטֶן	*f.*, stomach
גַּב	*m.*, back
גָּבֹהַּ	tall
גּוּף	*m.*, body
גָּרוֹן, גְּרוֹנוֹת	*m.*, throat
דּוֹקְטוֹר, ד״ר	Dr., *title*
הַכֹּל, הכול	everything
זְרוֹעַ, זְרוֹעוֹת	*f.*, arm
חוֹלֶה	ill
חֹם, חום	fever, *lit.* heat
חַמְסִין	heat wave
חֲתִיכָה	*stunner (slang)*
יָד, יָדַיִם	*f.*, hand
ידיים	*unpointed*
יוֹם, יָמִים	day
כָּאַב	to hurt
כַּדּוּר	pill
לִימוֹן	lemon
לָקַחַת	to take
	inf. of לָקַח
מְצֻנָּן, מצונן	has, have a cold
מַרְגִּישׁ, מַרְגִּישָׁה	feel(s)
עַיִן, עֵינַיִם	*f.*, eye
עיניים	*unpointed*
פֶּה, פִּיּוֹת	*m.*, mouth
רֹאשׁ, רָאשִׁים	*m.*, head
רֶגֶל, רַגְלַיִם	*f.*, foot
רגליים	*unpointed*
רוֹפֵא, רוֹפְאָה	physician
שָׁכַב	to lie down
	inf. לִשְׁכַּב
שֵׁן, שִׁנַּיִם	*f.*, tooth
שיניים	*unpointed*

Grammar

1 Many parts of the body which exist in pairs form their plurals in the special dual ending, ־ַיִם, *-áyim*. These are mostly feminine.

רַגְלַיִם	feet	עֵינַיִם	eyes
יָדַיִם	hands	אָזְנַיִם	ears
שִׁנַּיִם	teeth		

The same forms may be used for more than two, e.g.

לַשֻּׁלְחָן אַרְבַּע רַגְלַיִם. The table has four legs.

Not *all* paired parts of the body have this ending, e.g.

זְרוֹעַ arm זְרוֹעוֹת arms

2 Note that אָרֹךְ forms its plural and feminine forms as do the colour adjectives (9:1).

אָרֹךְ אֲרֻכָּה אֲרֻכִּים אֲרֻכּוֹת

3 Note the following construction:

מַה כּוֹאֵב לְךָ?	What hurts you?
כּוֹאֵב לִי הָרֹאשׁ.	My head hurts.
עַכְשָׁיו כּוֹאֲבוֹת לוֹ הָעֵינַיִם אֲבָל אֶתְמוֹל כָּאֲבָה לוֹ הַבֶּטֶן.	His eyes hurt now but his stomach hurt him yesterday.

4 Subordinate clauses are introduced by שֶׁ prefixed to the following word (equivalent to the English conjunction *that*, French or Spanish *que*).

אֲנִי חוֹשֵׁב שֶׁהַמּוֹרֶה חוֹלֶה. I think that the teacher is ill.

5 The preposition אֶת combines with pronominal suffixes to form direct object pronouns (*me*, *you*, *him*, etc.) as follows:

	Singular	*Plural*
1	אוֹתִי	אוֹתָנוּ
2m	אוֹתְךָ	אֶתְכֶם
2f	אוֹתָךְ	אֶתְכֶן
3m	אוֹתוֹ	אוֹתָם
3f	אוֹתָהּ	אוֹתָן

Note the second person plural forms:

אֶתְכֶם אֶתְכֶן

6 Note the following:

הוּא מְצֻנָּן. He has a cold.

הִיא הָיְתָה מְצֻנֶּנֶת לִפְנֵי שָׁבוּעַ. She had a cold a week ago.

Supplementary Exercise. Rewrite the following sentences in the plural.

1 באתי לראות אותך ביום חמישי.

2 את רוצה לבוא לבקר אותי?

3 היא באה אתמול לקחת אותו.

4 הוא חשב לראות אותה.

LESSON 13

Vocabulary

יְמִין מֹשֶׁה	section of Jerusalem	סִפְרִיָּה	library
מוֹדֶרְנִי	modern	סֶרֶט	film
מִלָּה, מִלִּים	*f.*, word	קָצָר	short
נֶחְמָד, נֶחְמָדָה	charming	שְׁמָם	their name

Grammar

1 We have noted that adjectives in Hebrew add suffixes to denote gender and number, e.g. דִּירָה רֵיקָה, *empty apartment*. We have also noted the changes in vocalization that occur in two-syllable adjectives due to change in stress when suffixes are added, e.g. מִכְתָּבִים קְצָרִים, *brief letters* (3:1).

Changes also occur in one-syllable adjectives when suffixes are added:

a The short vowel is retained and the second letter is doubled by a *dagesh ḥazaq*. Therefore, ב, כ and פ become בּ, כּ and פּ.

כִּסֵּא רַךְ	a soft chair	סִפּוּרִים קַלִּים	easy stories
מִטָּה רַכָּה	a soft bed	תַּלְמִידוֹת רַבּוֹת	many students

b A short vowel is lengthened before ע and ר.

מָרָק קַר	cold soup	סִפּוּרִים רָעִים	bad stories
בִּירָה קָרָה	cold beer		

2 Some adjectives add ת- as the feminine singular suffix. This ת is dropped before adding the plural ending ות-.

בַּחוּרָה נֶהֱדֶרֶת	a wonderful girl	דִּירוֹת נֶהֱדָרוֹת	superb apartments
עִיר מוֹדֶרְנִית	a modern city	עָרִים מוֹדֶרְנִיּוֹת	modern cities

3 *Every* in Hebrew is expressed by כל.

כָּל בֹּקֶר הוּא הוֹלֵךְ לַעֲבוֹדָה. Every morning he goes to work.

4 *The entire, whole,* is expressed by כָּל הַ.

כָּל הָעֶרֶב הִיא רוֹאָה טֶלֶוִיזְיָה. She watches television the entire evening.

Supplementary Exercise. Point words to be supplied in exercises on P. 85 in *Sifron*. Point suffixed forms of אֵת on p. 87.

LESSON 14

Vocabulary

אֲטַלְפֵּן	I will phone	מְעַנְיֵן, מעניין	interesting
אִי אֶפְשָׁר	impossible	מַשֶּׁהוּ	something
אֶפְשָׁר	possible	נָעִים	pleasant
אֵלַיִךְ	*f.sg.*, to you	סָלָט	salad
בְּלוֹנְדִּינִי(ת)	blond	סוֹכְנוּת	(Jewish) Agency
בָּנָה	to build	עָסוּק	busy
חָסִיד	Hasid, pious	עָשִׁיר	wealthy
חֹרֶף, חורף	winter	פּוֹלִיטִיקָה	politics
יוֹתֵר	more	פָּנוּי, פְּנוּיָה	free, at leisure
יַחַד	together	קִבֵּל	to get
לְטַלְפֵּן	*inf.*, to phone	קוֹלְנוֹעַ	movies
מֵבִין, מְבִינָה	understand(s)	קַיִץ	summer
מוֹנִית	taxi	קַל	easy
מוּסִיקָה	music	רָחוֹק	far

רָקַד to dance

שָׁמַע to hear

תַּקְלִיט record

Grammar

1 The past stem of the first conjugation *qal* follows the pattern -רָצ, -קָנ, -בָּנ, etc. The relation between the present and past stems is absolutely regular.

Present		*Past*	
רוֹצֶ- ה	*roṣ*-eh	רָצָ- ה	*raṣ*-ah
קוֹנֶ- ה	*qon*-eh	קָנָ- ה	*qan*-ah
בּוֹנֶ- ה	*bon*-eh	בָּנָ- ה	*ban*-ah

The endings are different from those of the second and third conjugation *qal* past. They are here listed together with the past of קנה, *bought*.

	Endings		*Verb*	
	Singular	*Plural*	*Singular*	*Plural*
1	-ִיתִי	-ִינוּ	קָנִיתִי	קָנִינוּ
2m	-ִיתָ	-ִיתֶם	קָנִיתָ	קְנִיתֶם
2f	-ִית	-ִיתֶן	קָנִית	קְנִיתֶן
3m	-ָה	-וּ	קָנָה	קָנוּ
3f	-ְתָה		קָנְתָה	

Note the shortening of the stem vowel in the 2pl. forms due to the shift in stress as in the third conjugation.

2 Remember that guttural consonants generally have *ḥatef* instead of *shəva:*

עֲשִׂיתֶם you did

רָאֲתָה she saw

3 The past tense of *to be* belongs to the first conjugation. Note the *ḥataf segol* in the 2pl. forms

	Singular	*Plural*
1	הָיִיתִי	הָיִינוּ
2m	הָיִיתָ	הֱיִיתֶם
2f	הָיִית	הֱיִיתֶן
3m	הָיָה	הָיוּ
3f	הָיְתָה	

4 The present tense of מֵבִין, *understands*, is:

אֲנִי	אַתָּה	הוּא	מֵבִין
	אַתְּ	הִיא	מְבִינָה
אֲנַחְנוּ	אַתֶּם	הֵם	מְבִינִים
	אַתֶּן	הֵן	מְבִינוֹת

Exercises. Point the verbs to be supplied in the exercises on page 92 in *Sifron*.

Supplementary Exercise. Change underlined verb to past.

Example: הסטודנטית עוֹשָׂה הרבה עבודה היום. הסטודנטית עָשְׂתָה הרבה עבודה היום.

1 חנה לא רוצה ללכת למסיבה הערב.

2 אתם קונים ספרים בחנות.

3 אתן עושות טיול לחיפה היום.

4 הוא עולה מניו-יורק לארץ ישראל.

5 היא שותה מיץ תפוזים בבוקר.

LESSON 15

Vocabulary

אַגָּדָה	legend	חוֹמָה	wall
אֱלֹהִים, אלוהים	God	חָזָק	strong
אִם	if	חָכָם	*n.*, sage
אַרְיֵה, אֲרָיוֹת	*m.*, lion	חֲלוֹם, חֲלוֹמוֹת	*m.*, dream
גַּז	gas	חָלַם	to dream

חֹפֶשׁ, חופש	holiday	סָגַר	to close
כָּךְ	so, thus	סְלֵימַאן, סולימאן	Suleiman
כָּעַס עַל	to be angry at	סֻלְטָן, סולטאן	Sultan
לְהַגִּיד	*inf.*, to tell	פָּחַד מִן	to be afraid of
מֶלֶךְ	king	פָּתַח	to open
מִסָּבִיב	around	קָדוֹשׁ	holy
מֵעַל לְ	*prep.*, above	קָרָא	*here*, to call
מָצָא	to find	רָעֵב	hungry
נוֹרָא	*adj.*, terrible	שָׁמַר עַל	*here*, to guard
נוֹרָא	*adv.*, terribly	תּוּרְכִּי	Turkish
		תָּמִיד	always

Grammar

1 The future *qal* of the third conjugation has two basic stems: *a)* -כְתֹּב-, *write*, and *b)* -שְׁלַח-, *send*. Those of type *(a)* are called *ʾefᶜol* (אֶפְעֹל) verbs; those of type *(b)* *ʾefᶜal* (אֶפְעַל) verbs. The latter include, among many others, those verbs having ח or ע as third root letter. To these stems various prefixes and suffixes are added. These are, except for their vowels, the same for all verbs. Note the shortening of the stem vowel in the 2f.sg. and 2 and 3m.pl. forms.

	ʾEfᶜol Singular	*ʾEfᶜol* Plural	*ʾEfᶜal* Singular	*ʾEfᶜal* Plural
1	אֶכְתֹּב	נִכְתֹּב	אֶשְׁלַח	נִשְׁלַח
2m	תִּכְתֹּב	תִּכְתְּבוּ	תִּשְׁלַח	תִּשְׁלְחוּ
2f	תִּכְתְּבִי		תִּשְׁלְחִי	
3m	יִכְתֹּב	יִכְתְּבוּ	יִשְׁלַח	יִשְׁלְחוּ
3f	תִּכְתֹּב		תִּשְׁלַח	

The special feminine plural forms are:

תִּכְתֹּבְנָה   תִּשְׁלַחְנָה

2 Some verbs with pattern אֶפְעַל are: לָבַשׁ, לָמַד, פָּתַח, שָׁמַע, שָׁכַח.

3 Verbs having א, ה, ח or ע as the second root letter also follow the אֶפְעַל pattern. The future of כָּעַס, *to be angry*, is:

	Singular	*Plural*
1	אֶכְעַס	נִכְעַס
2m	תִּכְעַס	תִּכְעֲסוּ
2f	תִּכְעֲסִי	
3m	יִכְעַס	יִכְעֲסוּ
3f	תִּכְעַס	

Feminine plural: תִּכְעַסְנָה

Note the change in vowelling from *shəva* to *ḥataf pataḥ* in the 2f.sg. and 2 and 3m.pl. forms because of the guttural.

4 Verbs having א as third root letter lengthen the *a*-vowel to *qamaṣ* as in the past tense (7:3). The future of קָרָא, *read*, is:

	Singular	*Plural*
1	אֶקְרָא	נִקְרָא
2m	תִּקְרָא	תִּקְרְאוּ
2f	תִּקְרְאִי	
3m	יִקְרָא	יִקְרְאוּ
3f	תִּקְרָא	

Feminine plural: תִּקְרֶאנָה

5 The future tense is used following אִם if future time is implied.

אִם תִּכְתְּבִי לִי מִכְתָּב אָבוֹא לְבַקֵּר.	If you *write* me a letter, I will come to visit.
אִם יִהְיֶה חֹפֶשׁ בָּאֻלְפָּן יָבוֹא לְאֵילַת.	*Should* there *be* a holiday at the ulpan, he will come to Eilat.

6 In indirect speech the tense of the verb is the same as the tense in direct speech:

דָּנִי אָמַר: "אֲנִי חוֹלֶה הַיּוֹם".	Dan said: "I *am* ill to-day".
דָּנִי אָמַר שֶׁהוּא חוֹלֶה הַיּוֹם.	Dan said that he *was* ill to-day.

Exercise. Point verbs in exercises in *Sifron*.

LESSON 16

Vocabulary

אָסוּר	forbidden	כַּרְטִיס	ticket
בָּטוּחַ	sure, certain	מְפַחֵד	fear(s)
הַצָּגָה	show, performance	מֻתָּר, מותר	permitted
חָדְשַׁיִם, חודשיים	two months	נֵלֵךְ	we will go
חָשׁוּב	important	פֶּסַח	Passover
טְרָגֶדְיָה	tragedy	קֻפָּה, קופה	box office
יוֹמַיִם, יומיים	two days	רֶגַע	moment, minute
יַקִּירִי	my beloved	שְׁבוּעַיִם, שבועיים	two weeks
כְּדַאי	worthwhile	שַׂחֵק	to play
כְּדֵי	in order to	שְׁעָתַיִם, שעתיים	two hours

Expressions

בִּמְקוֹם	instead of	הַצָּגָה שְׁנִיָּה	second show
בְּעֶצֶם	in fact, actually	קֹדֶם כֹּל	first of all
בְּשֶׁקֶט	quietly	רוֹמֵיאוֹ וְיוּלְיָה	Romeo and Juliet

Grammar

1 The verbs אָמַר, *say*, and אָכַל, *eat*, are irregular in the future. The א (except in the first person singular) is written but not pronounced.

	Singular	*Plural*	*Singular*	*Plural*
1	אֹמַר	נֹאמַר	אֹכַל	נֹאכַל
2m	תֹּאמַר	תֹּאמְרוּ	תֹּאכַל	תֹּאכְלוּ
2f	תֹּאמְרִי		תֹּאכְלִי	
3m	יֹאמַר	יֹאמְרוּ	יֹאכַל	יֹאכְלוּ
3f	תֹּאמַר		תֹּאכַל	
Feminine plural:		תֹּאמַרְנָה		תֹּאכַלְנָה

The unpointed spelling of אמר and אכל is אומר, אוכל.

2 The infinitive of אָמַר is לוֹמַר (*Bible:* לֵאמֹר).

3 The 1sg. form of אָהַב is אֹהַב (*unpointed:* אוהב). The other forms are: תֹּאהַב, תֹּאהֲבִי, יֹאהַב, תֹּאהַב, נֹאהַב, יֹאהֲבוּ, תֹּאהַבְנָה.

4 The future of יָשַׁן, *sleep*, is irregular.

	Singular	*Plural*
1	אִישַׁן	נִישַׁן
2m	תִּישַׁן	תִּישְׁנוּ
2f	תִּישְׁנִי	
3m	יִישַׁן	יִישְׁנוּ
3f	תִּישַׁן	
Feminine plural:		תִּישַׁנָּה

5 *Not yet* is expressed by עוֹד לֹא.

עוֹד לֹא בִּקַּרְתִּי בִּירוּשָׁלַיִם. I have not yet visited Jerusalem.

6 *In another* is expressed by בְּעוֹד.

הוּא יָבוֹא בְּעוֹד שָׁעָה. He will come in another hour.

7 Many units of time preceded by the numeral *two* have a special form with the dual ending, ַיִם -, -*áyim*.

אֶלֶף	thousand	אַלְפַּיִם	two thousand
חֹדֶשׁ	month	חָדְשַׁיִם	two months
יוֹם	day	יוֹמַיִם	two days
מֵאָה	hundred	מָאתַיִם	two hundred
שָׁבוּעַ	week	שְׁבוּעַיִם	two weeks
שָׁנָה	year	שְׁנָתַיִם	two years
שָׁעָה	hour	שְׁעָתַיִם	two hours

Supplementary Exercise. Change past forms to future. Point verbs.

1 הוא אמר את כל הדברים האלה בשיעור לפילוסופיה. 2 אכלתי ארוחת בוקר במסעדה הבוקר. 3 מה אמרתם על הסיפורים ששמענו ברדיו? 4 אמרתי לו שהוא צריך לבוא אצלנו. 5 איפה אכלת בטיול שלך בפריז? 6 הם לא ישנו כל הלילה כי אכלו הרבה. 7 חנה אהבה את יוסי. 8 את ישנת עד עשר הבוקר.

LESSON 17

Vocabulary

אֵלָיו	to him	לָטִינִית	Latin
בֵּין	among, between	מְכֻשָּׁר, מְכֻשֶּׁרֶת	talented
בְּמֶשֶׁךְ	during	מוכשר	*unpointed*
בְּעַד	for	מַעֲשֶׂה	deed
בִּקֵּשׁ	to ask for	מְשׁוֹרֵר	poet
גְּרָנָדָה	Granada	מֵת, מֵתָה	to die, be dead
הִגִּיד	to tell	נוֹלַד, נוֹלְדָה	to be born
הִיסְטוֹרְיָה	history	נוֹלַדְתִּי	I was born
חַי	alive, living	פּוֹלִיטִיקַאי, -קָאִית	politician
טִלְפֵּן	to telephone	קוֹרְדוֹבָה	Cordova
טָעָה	to err	קֻפַּאי, קֻפָּאִית	cashier
יוֹעֵץ	adviser	ר' שְׁמוּאֵל הַנָּגִיד	Rabbi Samuel ibn Nagrela
כָּזֶה	like this	שׁוֹקוֹלָד	chocolate
לִחְיוֹת	to live, be alive	שׁוּרָה	row
	inf. of חָיָה	שָׂפָה	language

Expression

בֶּטַח! probably, certainly *(colloquial)*

Grammar

1 The verb הִגִּיד, *to tell*, is generally used in the infinitive and the future tense.

יַגִּידוּ לוֹ אֶת הָאֱמֶת. They will tell him the truth

But:

אָמְרוּ לוֹ אֶת הָאֱמֶת. They told him the truth.

2 The future tense is used after verbs of wishing and asking when the subject in the dependent clause is different from that in the main clause.

אֲנִי רוֹצָה שֶׁתָּבוֹא.	I want you to come.
Cf. אֲנִי רוֹצָה לָבוֹא.	I want to come.

Note that after -שֶׁ the future tense may correspond to the subjunctive (more common now in French and Spanish).

הִיא מְבַקֶּשֶׁת שֶׁתִּהְיֶה שָׁם.	She asks that you be there.

3 Note again the special forms, שְׁנֵי and שְׁתֵּי, for *two* which appear before the noun.

יֵשׁ לוֹ שְׁנֵי סְפָרִים?	Does he have two books?
כֵּן, יֵשׁ לוֹ שְׁנַיִם.	Yes, he has two.
אַתְּ רוֹצָה שְׁתֵּי שְׂמָלוֹת?	Do you want two dresses?
כֵּן, אֲנִי רוֹצָה שְׁתַּיִם.	Yes, I want two.

4 Note the following construction:

הוּא שִׁלֵּם עֶשְׂרִים וְחָמֵשׁ לִירוֹת בְּעַד הַכַּרְטִיסִים.	He paid twenty-five pounds *for* the tickets.

5 The present tense of חַי, *lives,* is:

חַי	הוּא	אַתָּה	אֲנִי
חַיָּה	הִיא	אַתְּ	
חַיִּים	הֵם	אַתֶּם	אֲנַחְנוּ
חַיּוֹת	הֵן	אַתֶּן	

Note that חַי and חַיָּה also mean *s/he lived.*

ר׳ שְׁמוּאֵל הַנָּגִיד חַי בִּסְפָרַד.	Rabbi Samuel ibn Nagrela lived in Spain.

6 אִם, *if,* is used to introduce indirect questions.

שָׁאַלְתִּי אוֹתָהּ אִם הִיא רוֹצָה לָלֶכֶת.	I asked her if she wanted to go.

7 The verb שָׁאַל means *to ask a question;* the verb בִּקֵּשׁ means *to ask to, for; request, seek.*

דָּנִי שׁוֹאֵל אִם יֵשׁ עוּגָה.	Danny asks if there is cake.
רוּתִי בִּקְּשָׁה קָפֶה וְעוּגָה.	Ruth asked for coffee and cake.

8 The stem of the future pi^cel is the same as that of the present and infinitive, -דַּבֵּר-, -dabber. The ṣere shortens in 2f.sg. and 2 and 3m.pl. (Cf. qal future).

	Singular	*Plural*
1	אֲדַבֵּר	נְדַבֵּר
2m	תְּדַבֵּר	תְּדַבְּרוּ
2f	תְּדַבְּרִי	
3m	יְדַבֵּר	יְדַבְּרוּ
3f	תְּדַבֵּר	

Feminine plural: תְּדַבֵּרְנָה

9 The verb טִלְפֵּן has four root letters and belongs to the *fourth* conjugation. It resembles third conjugation pi^cel in its inflection. There is, however, no *dagesh ḥazaq*, although ב, ג, ד, כ, פ and ת take *dagesh qal* when required.

טִלְפַּנְתִּי לְמֹשֶׁה. I telephoned Moshe.

10 The preposition אֶל, *to*, takes a set of of pronominal suffixes different from thóse previously encountered. Its inflection is as follows:

	Singular	*Plural*
1	אֵלַי	אֵלֵינוּ
2m	אֵלֶיךָ	אֲלֵיכֶם
2f	אֵלַיִךְ	אֲלֵיכֶן
3m	אֵלָיו	אֲלֵיהֶם
3f	אֵלֶיהָ	אֲלֵיהֶן

Note the shortening of the ṣere to *ḥatef* in 2 and 3pl. forms because of the change in stress.

Vocabulary for Reading on p. 119

אַחֲרוֹן	last		מַהֵר	fast, quickly
אֶמְצַע	*n.*, middle		עָצוּב	sad
בּוֹאִי!	*f.sg.*, come!		קוֹמֶדְיָה	comedy
כָּאן	here		קָרוֹב	near

Expressions

לוּחַ מוֹדָעוֹת	bulletin board	קֻפַּת קוֹלְנוֹעַ	movie box office

Exercises. Point verbs in exercises on pages 116 and 117 in *Sifron.*

LESSON 18

Vocabulary

אֲרוּחָה	meal	מַזָּל	luck
בְּעָיָה	problem	מַזְמִין	invite(s)
בִּקּוּר, ביקור	visit	מִישֶׁהוּ	someone
בִּשְׁבִיל	for	מְכוֹנִית	car
גְּבִינָה	cheese	מִשְׁפָּט	sentence
דָּבָר	thing	מֻצְלָח, מֻצְלַחַת	successful
הִגִּיעַ	to reach, arrive	סַבְלָנוּת	patience
הִסְבַּרְתִּי	I explained	סַל	basket
זוּג, זוּגוֹת	*m.*, pair, couple	סַנְדְּוִיץ'	sandwich
יָצָא	to go out	עָזַר לְ	to help
יְרָקוֹת	*m.pl.*, vegetables	פֹּה	here
לְהַשְׁאִיר	*inf.*, to leave over	פְּנַאי	spare time
לֶחֶם	bread	פַּעַם, פְּעָמִים	*f.*, time, once
לִמּוּדִים, לימודים	*n.*, studies	פֵּרוֹת, פירות	*m.pl.*, fruit
מְאֻחָר, מְאֻחֶרֶת	*adj.*, late	תּוֹר	line, queue

Expressions

אַחַר כָּךְ	afterwards	בְּוַדַּאי	certainly
אֵין דָּבָר!	No matter!	בַּסּוֹף	finally
אֲרוּחַת עֶרֶב	supper	מַה נִּשְׁמָע?	What's new?

Grammar

1 בִּשְׁבִיל, *for*, takes pronominal suffixes as follows:

	Singular	*Plural*
1	בִּשְׁבִילִי	בִּשְׁבִילֵנוּ
2m	בִּשְׁבִילְךָ	בִּשְׁבִילְכֶם
2f	בִּשְׁבִילֵךְ	בִּשְׁבִילְכֶן
3m	בִּשְׁבִילוֹ	בִּשְׁבִילָם
3f	בִּשְׁבִילָהּ	בִּשְׁבִילָן

2 אֵצֶל, *to*, *at* (corresponding to French *chez*, German *bei*), takes pronominal suffixes as follows:

	Singular	*Plural*
1	אֶצְלִי	אֶצְלֵנוּ
2m	אֶצְלְךָ	אֶצְלְכֶם
2f	אֶצְלֵךְ	אֶצְלְכֶן
3m	אֶצְלוֹ	אֶצְלָם
3f	אֶצְלָהּ	אֶצְלָן

3 In this lesson, we are introduced to the infinitive of *binyan hif'il*. The stem follows the pattern $x'xx$, prefixed by -לְהַ.

לְהַזְמִין	to invite	לְהַרְגִּישׁ	to feel
לְהַמְשִׁיךְ	to continue	לְהַצְלִיחַ	to succeed
לְהַסְבִּיר	to explain	לְהַשְׁאִיר	to leave over

4 In the present of the regular third conjugation *hif'il*, -מַ is prefixed to the stem, שְׁאִיר, זְמִין, סְפִּיר, etc.

מַסְבִּיר	מַצְלִיחַ	הוּא	אַתָּה	אֲנִי
מַסְבִּירָה	מַצְלִיחָה	הִיא	אַתְּ	
מַסְבִּירִים	מַצְלִיחִים	הֵם	אַתֶּם	אֲנַחְנוּ
מַסְבִּירוֹת	מַצְלִיחוֹת	הֵן	אַתֶּן	

5 We have already noted that there is no verb *to have* in Hebrew and that possession is expressed by the properly suffixed form of -לְ, with or without יֵשׁ (6:1).

59

a The past tense of *to have* is expressed by הָיָה, הָיְתָה, or הָיוּ plus the appropriate form of the preposition לְ. Note that the verb agrees in gender and number with what is the subject in Hebrew and with what in English is the *object*.

הָיָה לִי בַּיִת.	I had a house.
הָיוּ לָהֶם הַרְבֵּה סְפָרִים.	They had many books.
לְמִרְיָם הָיְתָה חֲבֵרָה טוֹבָה.	Miriam had a good friend.

b The future tense of *to have* is expressed by יִהְיֶה, תִּהְיֶה, or יִהְיוּ (f.pl. תִּהְיֶינָה in formal writing) plus the appropriate form of לְ.

יִהְיֶה לוֹ זְמַן מָחָר.	He will have time to-morrow.
אוּלַי תִּהְיֶה לִי סַבְלָנוּת הָעֶרֶב.	Perhaps I will have patience this evening.
יִהְיוּ לָנוּ חֲבֵרִים חֲדָשִׁים בַּקִּבּוּץ.	We will have new friends on the kibbutz.

Note that these constructions are negated by לֹא.

לֹא יִהְיֶה לָנוּ זְמַן לְבַקֵּר אֶצְלְכֶם.	We will not have time to visit you.

6 Note that -שֶׁ is used whenever the English *that* is used or implied.

מַזָּל שֶׁמָּצָאתָ אֶת הַכֶּסֶף.	It's lucky that you found the money.

Translation of Invitation on page 124 in Sifron:

בְּנֵנוּ הַבְּכוֹר הִגִּיעַ לְמִצְווֹת. הִנְּכֶם מְזֻמָּנִים לְהִשְׁתַּתֵּף בְּשִׂמְחָתֵנוּ.	Our eldest son has attained Bar Mitzva age. You are invited to share our joy.

Vocabulary for Reading on page 125

אִתִּי	with me	חֵשֶׁק	desire
אַחֲרֵי-הַצָּהֳרַיִם	in the afternoon	כֹּחַ, כּוֹחוֹת	strength, power

Exercise. Point the words to be supplied in ex. 1 on page 124.

LESSON 19

Vocabulary

אֵלֵךְ	I shall go	מְיֻחָד, מְיֻחֶדֶת	special
בְּרֵרָה	choice	מיוחד	*unpointed*
הִבְטִיחַ	to promise	מִמֶּנָּה	from her
הִזְמִין	to invite	פְּסִיכוֹלוֹגְיָה	psychology
הִסְכִּים	to agree	צִיּוּן	grade, mark
יַעַר, יְעָרוֹת	*m.*, forest	רָגִיל	regular
לָתֵת	to give	תְּרוּפָה	medicine
	inf. of נָתַן		

Expressions

טוֹב יוֹתֵר	better	כִּמְעַט	almost
כָּל כָּךְ /גָּדוֹל/	so /big/		

Grammar

1 We have already encountered the infinitive and present tense of *binyan hif^{c}il* (18:1). Other *hif^{c}il* forms found in the text so far are הִסְבַּרְתִּי, *I explained;* הִזְמִין, *he invited.*

In the third conjugation, the stem in all forms is -סְבִּיר-, -זְמִין-, etc. In the past tense, it is prefixed by -הִ (as in the name of the *binyan, hif^{c}il*). As in the *pi^{c}el* (11:3), Philippi's Law applies, so that -זְמִין- becomes -זְמַן- before suffixes beginning with a consonant (first and second persons). The complete paradigm of the past third conjugation *hif^{c}il* is:

	Singular	*Plural*	*Singular*	*Plural*
1	הִסְבַּרְתִּי	הִסְבַּרְנוּ	הִצְלַחְתִּי	הִצְלַחְנוּ
2m	הִסְבַּרְתָּ	הִסְבַּרְתֶּם	הִצְלַחְתָּ	הִצְלַחְתֶּם
2f	הִסְבַּרְתְּ	הִסְבַּרְתֶּן	הִצְלַחַתְּ	הִצְלַחְתֶּן
3m	הִסְבִּיר	הִסְבִּירוּ	הִצְלִיחַ	הִצְלִיחוּ
3f	הִסְבִּירָה		הִצְלִיחָה	

2 We have also previously encountered the words הִגִּיעַ, *he arrived;* יַגִּידוּ, *they will tell,* and הַכָּרוּת, *acquaintance.* These come from the *hif'il* verbs הִגִּיעַ, הִגִּיד, and הִכִּיר. The roots of these verbs are נגע, נגד, and נכר. When a third conjugation *hif'il* verb has נ as the first letter (except before a guttural), that נ "disappears" and the second root letter is doubled. This is known as *assimilation.* Exactly the same phenomenon takes place in English *inlegal--illegal; inmobile--immobile.* Assimilation of a vowelless נ is very common in Hebrew.
The present and past of הִגִּיעַ and הִכִּיר follow:

אֲנִי	אַתָּה	הוּא	מַכִּיר	מַגִּיעַ
	אַתְּ	הִיא	מַכִּירָה	מַגִּיעָה
אֲנַחְנוּ	אַתֶּם	הֵם	מַכִּירִים	מַגִּיעִים
	אַתֶּן	הֵן	מַכִּירוֹת	מַגִּיעוֹת

	I arrived, etc.		*I knew, etc.*	
	Singular	*Plural*	*Singular*	*Plural*
1	הִגַּעְתִּי	הִגַּעְנוּ	הִכַּרְתִּי	הִכַּרְנוּ
2m	הִגַּעְתָּ	הִגַּעְתֶּם	הִכַּרְתָּ	הִכַּרְתֶּם
2f	הִגַּעְתְּ	הִגַּעְתֶּן	הִכַּרְתְּ	הִכַּרְתֶּן
3m	הִגִּיעַ	הִגִּיעוּ	הִכִּיר	הִכִּירוּ
3f	הִגִּיעָה		הִכִּירָה	

3 The word הַצָּגָה, *performance,* comes from the verb הִצִּיג, *to present.* Although the root is יצג, it is conjugated as if it were נצג: מַצִּיג, מַצִּיגָה, etc.; הִצִּיג, הִצַּגְתִּי, etc.
4 Assimilation of the *nun* also takes place in the common irregular *qal* verb, נָתַן, *to give,* in the past and future. It is regular in the present. The infinitive is לָתֵת.

	Past		*Future*	
	Singular	*Plural*	*Singular*	*Plural*
1	נָתַתִּי	נָתַנּוּ	אֶתֵּן	נִתֵּן
2m	נָתַתָּ	נְתַתֶּם	תִּתֵּן	תִּתְּנוּ
2f	נָתַתְּ	נְתַתֶּן	תִּתְּנִי	
3m	נָתַן	נָתְנוּ	יִתֵּן	יִתְּנוּ
3f	נָתְנָה		תִּתֵּן	

The 2 and 3f.pl. future form is תִּתֵּנָּה.

5 A similar assimilation, this time of *lamed*, takes place in the future of the *qal* verb לָקַח, *to take*. The present and past are regular. The infinitive is לָקַחַת.

	Singular	*Plural*
1	אֶקַּח	נִקַּח
2m	תִּקַּח	תִּקְּחוּ
2f	תִּקְּחִי	
3m	יִקַּח	יִקְּחוּ
3f	תִּקַּח	

Feminine plural: תִּקַּחְנָה

6 *In order to* is expressed by כְּדֵי followed by the infinitive; *in order that* by -כְּדֵי שֶׁ followed by the *future* of the verb.

בָּאתִי כְּדֵי לִלְמֹד.	I came in order to study.
הוּא נָתַן לִי אֶת הַסֵּפֶר כְּדֵי שֶׁאֶקְרָא אוֹתוֹ.	He gave me the book in order that I might read it.

7 When expressing *with me*, *with you*, etc., the preposition אֵת is used with suffixes (besides עִם). It is declined as follows:

	Singular	*Plural*
1	אִתִּי	אִתָּנוּ
2m	אִתְּךָ	אִתְּכֶם
2f	אִתָּךְ	אִתְּכֶן
3m	אִתּוֹ	אִתָּם
3f	אִתָּהּ	אִתָּן

These are to be distinguished from אותי, אותך, etc., the direct object pronouns. The unpointed spelling is איתי, איתך, etc.

Exercise. Point the verbs to be supplied in exercises on page 131 in *Sifron*.

LESSON 20

Vocabulary

אִינְטֶנְסִיבִי	intensive
אֶסְפֶּרַנְטוֹ	Esperanto
אַרְכֵיאוֹלוֹגְיָה	archaeology
בּוֹא!	*m.sg.*, come!
בְּעַד	pro, in favour of
גָּמַר	to finish
הַרְצָאָה	lecture
הִתְחִיל	to begin
חַג	holiday
חוּג	department
חִפֵּשׂ, חיפש	to look for
יְהוּדִי	*adj.* Jewish
יִשְׂרְאֵלִי	*adj.* Israeli
כַּלְכָּלָה	economics
כְּמוֹ	like
כְּשֶׁ-	when
לְהָבִין	to understand
לְהִכָּנֵס, להיכנס	to enter
לִמֵּד, לימד	to teach
לָצֵאת	to go out
	inf. of יָצָא
מְדִינָה	state
מַדָּע	science
מוּכָן, מוּכָנָה	ready
נֶגֶד	con, against
נוּכַל	we shall be able
סִיגַרְיָה	cigarette
סוֹצְיוֹלוֹגְיָה	sociology
עִבְרִי	*adj.*, Hebrew
עַם	nation
פָּחוֹת	less
פִּרְסֹמֶת	advertisement
קוּרְס	course

Expressions

בִּזְמַן שֶׁ-	while, when
בָּרוּךְ הַבָּא!	Welcome!
בְּשָׁעָה טוֹבָה!	Good luck!
מַדְּעֵי-הַמְּדִינָה	political science
מַה דַּעְתְּךָ?	*m.*, What's your
מַה דַּעְתֵּךְ?	*f.*, opinion?
לְפִי דַּעְתִּי	In my opinion
מַזָּל טוֹב!	Congratulations!
מִחוּץ לָאָרֶץ	from abroad
נִדְמֶה לִי	It seems to me
עַל לֹא דָּבָר!	Don't mention it!
פָּחוֹת אוֹ יוֹתֵר	more or less

1 The future stem of the first conjugation *qal* is the same as that of the infinitive, -רְצ-, -קְנ-, -הְי-, etc. The future of קָנָה, *buy*, and הָיָה, *be*, follows:

	קנה		היה	
	Singular	*Plural*	*Singular*	*Plural*
1	אֶקְנֶה	נִקְנֶה	אֶהְיֶה	נִהְיֶה
2m	תִּקְנֶה	תִּקְנוּ	תִּהְיֶה	תִּהְיוּ
2f	תִּקְנִי		תִּהְיִי	
3m	יִקְנֶה	יִקְנוּ	יִהְיֶה	יִהְיוּ
3f	תִּקְנֶה		תִּהְיֶה	
Feminine plural:		תִּקְנֶינָה		תִּהְיֶינָה

2 *Qal* verbs with a guttural as first root consonant have certain peculiarities in the future tense.

a In first conjugation verbs, most forms (*except* first person singular) have a *pataḥ* in the prefix if the first root letter is ע. If the first root letter is א or ח, the prefix is *usually segol*.* *Shəva* becomes *ḥatef*. The future of עָשָׂה, *do*, and חָזָה, *foresee, watch television,* follows:

	עשה		חזה	
	Singular	*Plural*	*Singular*	*Plural*
1	אֶעֱשֶׂה	נַעֲשֶׂה	אֶחֱזֶה	נֶחֱזֶה
2m	תַּעֲשֶׂה	תַּעֲשׂוּ	תֶּחֱזֶה	תֶּחֶזוּ
2f	תַּעֲשִׂי		תֶּחֱזִי	
3m	יַעֲשֶׂה	יַעֲשׂוּ	יֶחֱזֶה	יֶחֶזוּ
3f	תַּעֲשֶׂה		תֶּחֱזֶה	
Feminine plural:		תַּעֲשֶׂינָה		תֶּחֱזֶינָה

b In third conjugation אֶפְעֹל verbs (15:1), the prefix is *pataḥ* (*segol* in 1sg.). In אֶפְעַל verbs (15:3), the prefix is *segol*. The future of עָבַר, *pass*, and חָזַק, *is strong*, follows:

*However, note the exception: אַחֲנֶה, תַּחֲנֶה, etc., *to camp, park*.

	עבר *Singular*	עבר *Plural*	חזק *Singular*	חזק *Plural*
1	אֶעֱבֹר	נַעֲבֹר	אֶחֱזַק	נֶחֱזַק
2m	תַּעֲבֹר	תַּעַבְרוּ	תֶּחֱזַק	תֶּחֶזְקוּ
2f	תַּעַבְרִי		תֶּחֶזְקִי	
3m	יַעֲבֹר	יַעַבְרוּ	יֶחֱזַק	יֶחֶזְקוּ
3f	תַּעֲבֹר		תֶּחֱזַק	
		תַּעֲבֹרְנָה		תֶּחֱזַקְנָה

Note that in 2f.sg. and 2 and 3 m.pl., the *ḥatef* becomes a full vowel corresponding to the vowel of the prefix.

c Verbs with א as first root consonant form their infinitives on the pattern לֶאֱהֹב, לֶאֱכֹל. If the first consonant is ח or ע, the infinitive follows the pattern לַחֲזֹר, לַעֲבֹר, לַעֲשׂוֹת.

3 In sentences containing a clause beginning with -כְּשֶׁ or כַּאֲשֶׁר, *when*, the same tense must be used in both clauses. It is the tense of the main clause which determines both.

כְּשֶׁהִגִּיעַ הַמּוֹרֶה, הִתְחַלְנוּ לִלְמֹד.	When the teacher arrived, we began to study.
כְּשֶׁמַּגִּיעַ הַמּוֹרֶה, אֲנַחְנוּ מַתְחִילִים לִלְמֹד.	When the teacher arrives, we begin to study.
כְּשֶׁיַּגִּיעַ הַמּוֹרֶה, נַתְחִיל לִלְמֹד.	When the teacher *arrives*, we shall begin to study.

4 To express *likeness* in Hebrew, כְּמוֹ, *like, as,* is used.

חַנָּה יָפָה כְּמוֹ רִנָּה.	Hannah is pretty like Rina.
and also:	Hannah is as pretty as Rina.

5 To express comparison in Hebrew, יוֹתֵר, *more,* plus the adjective plus מִן (-מִ), *than,* is used.

דָּוִד יוֹתֵר גָּדוֹל מֵאוּרִי.	David is bigger than Uri.
אֵילַת קְטַנָּה יוֹתֵר מֵחֵיפָה.	Eilat is smaller than Haifa.

The word יוֹתֵר is frequently omitted so that the above examples may be expressed:

דָּוִד גָּדוֹל מֵאוּרִי.

אֵילַת קְטַנָּה מֵחֵיפָה.

6 To express the superlative in Hebrew, הַ, *the*, plus the adjective plus בְּיוֹתֵר, *-est*, is used.

דָּוִד הַגָּדוֹל בְּיוֹתֵר בַּכִּתָּה.	David is the tallest in the class.
יְרוּשָׁלַיִם הִיא הָעִיר הַיָּפָה בְּיוֹתֵר בְּיִשְׂרָאֵל.	Jerusalem is the most beautiful city in Israel.

In colloquial Hebrew the superlative is sometimes expressed by הֲכִי, *-est*, before the adjective so that the above examples may be expressed:

דָּוִד הֲכִי גָּדוֹל בַּכִּתָּה.

יְרוּשָׁלַיִם הִיא הָעִיר הֲכִי יָפָה בְּיִשְׂרָאֵל.

7 *Less (than)* is expressed by פָּחוֹת (מִ-) מִן:

אֲנִי מֵבִין עוֹד פָּחוֹת מִיּוֹסֵף.	I understand even less than Joseph.
טְבֶרְיָה הִיא פָּחוֹת גְּדוֹלָה מִתֵּל אָבִיב.	Tiberias is not as large as Tel Aviv (*lit.* less big).

8 Note the use of אַחֲרֵי, *after*; בִּזְמַן, *while*, and לִפְנֵי, *before*, to connect clauses introduced by -שֶׁ.

נָסַעְנוּ לְאֵילַת אַחֲרֵי שֶׁבִּקַּרְנוּ בְּחֵיפָה.	We travelled to Eilat after we had visited Haifa.
נְדַבֵּר אַחֲרֵי שֶׁנִּגְמֹר אֶת אֲרוּחַת הָעֶרֶב.	We shall talk after we have finished supper.
בִּזְמַן שֶׁאַתָּה לוֹמֵד נֵלֵךְ לַמְּסִבָּה.	While you are studying, we will go to the party.

Exercises. Point the verbs to be supplied in the exercises on page 143 in *Sifron*.
Supplementary Exercise. Change past verbal forms to future.

Example: עָבַדְתִּי בספריה כל היום. אֶעֱבֹד בספריה כל היום.

1 עָלִינוּ לישראל לפני שנתיים.

2 ההורים שלה עזרו לה לעשות את השיעורים.

3 אין מקומות פנויים באוטובוס ההוא. אז עמדתי בתור.

4 עשיתם את כל העבודה לפני שהלכתם למסיבה.

5 אתה לא אהבת את ההצגה בתיאטרון אבל אני כן אהבתי אותה.

LESSON 21

Vocabulary

אֲנַסֶּה	I shall try
בְּצַלְאֵל	*name,* Art School
גָּדַל	to grow up
הִכִּיר	to meet
הִפְסִיק	to stop
הַשְׂכָּלָה	education
הִתְגָּרֵשׁ מִן	*i.v.,* to divorce
הִתְחַתֵּן עִם	*i.v.,* to marry
זוֹ	*f.,* this
חַיִּים	*m.pl.,* life
חֲתוּנָּה	wedding
טַיָּס	pilot
טֹפֶס, טופס	form
טָפְסֵי, טופסי	*bd. form,* forms
יֶקִּי, יֶקִּית	German Jew
כַּמָּה	*here,* several
כָּתוּב	it is written
כְּתֹבֶת, כתובות	address
כתובת	*unpointed*
לֵדָה, לידה	birth
לְהִשָּׁאֵר, להישאר	to remain
מַצָּב	situation, status
מִקְצוֹעַ, מִקצועות	profession
מִשְׁפַּחְתִּי	*adj.,* family
מִתְחַתֵּן עִם	marry, marries
נָמוּךְ	low
נִסָּה, ניסה	to try
נָשׂוּי	*m.,* married
נְשׂוּאָה	*f.,* married
סָאשָׁה	Sasha
סִימְפָּטִי	friendly, nice
סֶמִינָר	seminar
עָלָה	to immigrate
עֲלִיָּה, עלייה	immigration
עָמָל	*name,* Trade School
עִשֵּׁן	to smoke
פָּגַשׁ	to meet
פָּרַס	Persia
פַּרְסִית	Persian
צַבָּר	*m.,* native Israeli (*lit.* cactus)
צַבָּרִית	*f.,* native Israeli
צָדַק	to be right
צִיּוּר	painting
קִיֵּם	to keep, fulfil
רַב	much
רָזֶה	thin
רְכִילוּת	gossip
שָׂמַח	to be happy
שָׁמֵן	fat
שָׁקֵט	quiet

Expressions

בֵּית חוֹלִים hospital

בֵּית סֵפֶר school

בְּרָצוֹן! gladly!

זֶה אֶת זוֹ each other

מַצָּב מִשְׁפַּחְתִּי marital status

רוֹפֵא עֵינַיִם eye doctor

שְׁנַת לֵדָה year of birth

שְׁנַת עֲלִיָּה year of immigration

Grammar

1 The future of the third conjugation *hif͑il* takes prefixes and suffixes as follows:

	יַסְבִּיר, *will explain*		יַגִּיעַ, *will arrive*	
	Singular	*Plural*	*Singular*	*Plural*
1	אַסְבִּיר	נַסְבִּיר	אַגִּיעַ	נַגִּיעַ
2m	תַּסְבִּיר	תַּסְבִּירוּ	תַּגִּיעַ	תַּגִּיעוּ
2f	תַּסְבִּירִי		תַּגִּיעִי	
3m	יַסְבִּיר	יַסְבִּירוּ	יַגִּיעַ	יַגִּיעוּ
3f	תַּסְבִּיר		תַּגִּיעַ	
Feminine plural:	תַּסְבֵּרְנָה			תַּגַּעְנָה

Note that in the third conjugation *hif͑il* future the נ (*root* נגע) assimilates and the second root letter is doubled (19:2).

2 The preposition מִן, *from,* is inflected as follows:

	Singular	*Plural*
1	מִמֶּנִּי	מִמֶּנּוּ
2m	מִמְּךָ	מִכֶּם
2f	מִמֵּךְ	מִכֶּן
3m	מִמֶּנּוּ	מֵהֶם
3f	מִמֶּנָּה	מֵהֶן

Since מִמֶּנּוּ is both *from us* and *from him, from us* is usually expressed by מֵאִתָּנוּ.

הוּא בִּקֵּשׁ מֵאִתָּנוּ לָבוֹא אֶל בֵּיתוֹ. He asked us to come to his house.

3 Possession may be expressed by שֶׁל:

69

בַּיִת שֶׁל רוֹפֵא a house of a doctor

הַדִּירָה שֶׁל הַמּוֹרָה the apartment of the teacher

4 Another means of expressing possession is the construction known as סְמִיכוּת (*lit.* dependence, association). Instead of connecting the two nouns by שֶׁל, in this structure the "possessing" noun *(Heb.* סוֹמֵךְ*)* directly follows the "possessed" noun *(Heb.* נִסְמָךְ*)*, and the resulting phrase is pronounced with the primary stress on the second. *In this construction, the first noun* never *has the definite article.*

בֵּית רוֹפֵא a doctor's house

דִּירַת הַמּוֹרָה the teacher's apartment

Note that in the above examples the form of the "possessed" noun (or *bound form*), that is, בֵּית and דִּירַת, differs from the form which occurs elsewhere (or *free form*), that is, בַּיִת and דִּירָה.

With a number of nouns, however, the form that occurs as the first element in סְמִיכוּת is the same as the free form (23:2g).

הַסֵּפֶר שֶׁל הַסְּטוּדֶנְט the book of the student

סֵפֶר הַסְּטוּדֶנְט the student's book

Generally, possession is expressed in *speech* by *noun* plus שֶׁל plus *noun*, while סְמִיכוּת is limited to literary style. However, סְמִיכוּת is used both in speech and writing to express a wide range of relationships between nouns other than possession. The following phrases are but a few illustrations:

אֶרֶץ יִשְׂרָאֵל the land of Israel

בֶּגֶד יָם a bathing suit

בֵּית כְּנֶסֶת hospital

עוּגַת שׁוֹקוֹלָד chocolate cake

רוֹפֵא יְלָדִים a pediatrician

5 Nouns, as we have seen, undergo changes when they form the first element of the סְמִיכוּת structure. In this lesson, we note that feminine nouns ending in ָה- change that ending to ַת- in the bound form.

שִׂיחַת טֶלֶפוֹן a telephone call

תַּלְמִידַת הַמּוֹרֶה the pupil of the teacher

דִּירַת הַסְּטוּדֶנְט the student's apartment

6 In the סְמִיכוּת structure *all* adjectives must follow the second noun.

עִיר יְרוּשָׁלַיִם הַיָּפָה   the beautiful city of Jerusalem

דִּירַת הַסְּטוּדֶנְט הַחֲדָשָׁה   the student's new apartment

To avoid any ambiguity that may result from the use of the סְמִיכוּת, it is possible to use the following construction:

הַדִּירָה הַיָּפָה שֶׁל הַסְּטוּדֶנְטִית   the student's beautiful apartment

Exercises. Point nouns in bound form exercises in *Sifron*. Point verbs to be supplied in exercises on pages 150 and 151.

LESSON 22

Vocabulary

אוֹרֵחַ	*m.*, guest	טֶכְנִיּוֹן	Technion
אוֹרַחַת	*f.*, guest	יָם, יַמִּים	sea
אִיטַלְקִי	Italian	כֻּלָּם, כּוֹלם	all of them
אֲמֵרִיקָאִי	American	כְּנֶסֶת: הַכְּנֶסֶת	Israel Parliament
אֲמִתִּי, אמיתי	true, real	לְהַגִּיעַ	*inf.*, to arrive
אֶקְסְפְּרֶס	express	לְהַשִּׂיג	*inf.*, to get
אַרְגֶּנְטִינָאִי	Argentinian	מְבֻגָּר, מבוגר	*m.*, mature
בְּרָזִילָאִי	Brazilian	מְבֻגֶּרֶת, מבוגרת	*f.*, mature
דֶּלִיקָטֶס	gourmet, luxury	מָסֹרֶת, מסורת	tradition
דָּתִי	religious	מָסָרְתִּי, מסורתי	traditional
הֵבִין	to understand	מֶקְסִיקָאִי	Mexican
הֵבַנְתָּ	you understood	נֵר, נֵרוֹת	*m.*, candle
הִדְלִיק	to light	סוֹף	end
הוֹלַנְדִּי	Dutch	פִּיצָה	pizza
הוֹרַי	my parents	פַּעֲמַיִם, פעמיים	twice
זַיִת, זֵיתִים	*m.*, olive	צָבָא, צְבָאוֹת	*m.*, army

71

קִדּוּשׁ, קידוש	*kiddush* (sanctification of Sabbath	שְׁבֵדִי	*n.*, Swede
		שְׁבֵדִי	*adj.*, Swedish
קָוְיָר, קוויאר	caviar	שִׁיר	song
קְלַסִּי, קלאסי	classical	שָׁמַר	to observe, keep
רָהִיטִים	*m.pl.*, furniture	תַּיָּר, תייר	tourist

Expressions

בִּזְמַן	*adv.*, on time	כָּעֵת	at this time, now
בִּזְמַן	during	לְמָשָׁל	for example
בֵּית כְּנֶסֶת	synagogue		

Grammar

1 We have previously noted that names of languages are derived from names of countries (10:5). Many adjectives are also formed in this manner by adding ‎-ִי‎, ‎-נִי‎, or ‎-אִי‎. To these endings the feminine singular adds ‎-ת‎; the masculine plural ‎-ִים‎; the feminine plural ‎-וֹת‎.

	יַיִן צָרְפָתִי	French wine
	גְּבִינָה שְׁבֵדִית	Swedish cheese
	תַּקְלִיטִים אֲמֵרִיקָאִיִּים	American records
	בַּחוּרוֹת חֵיפָנִיּוֹת	Haifa girls
but:	בְּגָדִים אִיטַלְקִיִּים	Italian clothes

2 Relative clauses are introduced by ‎-שֶׁ‎ prefixed to the following word.

הִנֵּה הַבַּחוּרָה שֶׁהִגִּיעָה מִסְּפָרַד.	Here is the girl who arrived from Spain.

3 *Never* is expressed by the negative לֹא and אַף פַּעַם.

אַף פַּעַם לֹא הָיִיתִי בְּאַרְגֶּנְטִינָה.	I have never been in Argentina.
לֹא קָרָאתִי אֶת הַסֵּפֶר הַזֶּה אַף פַּעַם.	I have never read this book.

4 *No one* is expressed by the negative לֹא and אַף אֶחָד.

לֹא הִכַּרְנוּ אַף אֶחָד בַּהַרְצָאָה.	We knew no one at the lecture.

Exercises. Point the adjectives to be supplied in the exercises on page 154 in *Sifron.*

LESSON 23

Vocabulary

אָדִיב	polite	מִפְּנֵי שֶׁ	because
אֵינָם	*m.pl.*, are not	מִשְׁמַעַת	discipline
אַךְ	but	נָהַג	to drive
דֵּמוֹקְרַטְיָה	democracy	נְהִיגָה	driving
הִסְתַּגֵּל (אֶ) לְ	to adapt to	נִקָּיוֹן, ניקיון	cleanliness
זָהִיר	careful	סֵדֶר	order
זָרַק	to throw	פִּלְפֵּל	Oriental food
חֹם, חום	*n.*, heat, warmth	פִּתָּה, פיתה	Oriental bread
חֹק, חֻקִּים, חוק	law	קֹדֶם, קודם	*adv.*, previously
כָּךְ	*adv.*, thus, this	קֹר, קור	*n.*, cold
לָכֵן	therefore	רִצְפָּה	floor
מֵאָז שֶׁ	since	שִׁנָּה, שינה	to change
מוּל	opposite	תְּנוּעָה	traffic

Expressions

אִכְפַּת לְ	to concern, matter	כָּל כָּךְ	so much
דַּעְתּוֹ שֶׁל *x*	X's opinion	לִפְעָמִים	sometimes
חֻקֵּי תְּנוּעָה	traffic laws	שָׂם לֵב לְ	to pay attention to

Grammar

1 The past stem of the first conjugation *pi*^{c}*el* follows the pattern -שִׁנּ, -חִפּ, etc. Note the doubling of the second root letter characteristic of *pi*^{c}*el*. The endings are the same as past *qal*.

	Singular	*Plural*
1	שִׁנִּיתִי	שִׁנִּינוּ
2m	שִׁנִּיתָ	שִׁנִּיתֶם
2f	שִׁנִּית	שִׁנִּיתֶן
3m	שִׁנָּה	שִׁנּוּ
3f	שִׁנְּתָה	

In unpointed writing an orthographic *yod* is added as in the third conjugation (11:3): שיניתי, שינית, שינית, שינה, etc.

2 The stem of the first conjugation *pi^cel* present, future, and infinitive is -שַׁנֶּ-, -חַכֶּ-, -נַסֶּ-, etc. The endings are the same as those of the first conjugation *qal* and the prefixes are the regular *pi^cel* prefixes.

a The present is as follows:

אֲנִי	אַתָּה	הוּא	מְשַׁנֶּה
	אַתְּ	הִיא	מְשַׁנָּה
אֲנַחְנוּ	אַתֶּם	הֵם	מְשַׁנִּים
	אַתֶּן	הֵן	מְשַׁנּוֹת

b The future is conjugated as follows:

	Singular	*Plural*
1	אֲשַׁנֶּה	נְשַׁנֶּה
2m	תְּשַׁנֶּה	תְּשַׁנּוּ
2f	תְּשַׁנִּי	
3m	יְשַׁנֶּה	יְשַׁנּוּ
3f	תְּשַׁנֶּה	

Feminine plural: תְּשַׁנֶּינָה

c The infinitive is formed on the pattern: לְשַׁנּוֹת, לְחַכּוֹת, לְנַסּוֹת.

3 *Because* in Hebrew is expressed by כִּי, מִפְּנֵי שֶׁ-, מִכֵּיוָן שֶׁ-, and מִשּׁוּם שֶׁ-.

הוּא בָּא לְיִשְׂרָאֵל מִפְּנֵי שֶׁרָצָה לִלְמֹד עִבְרִית.	He came to Israel because he wanted to learn Hebrew.

4 *Result* in Hebrew is expressed by לָכֵן, *therefore*.

הוּא רָצָה לְדַבֵּר עִם רִנָּה וְלָכֵן הוּא בָּא לַשִּׁעוּר. He wanted to speak with Rina; therefore he came to class.

5 Note the idiomatic expressions:

אִכְפַּת לוֹ. He cares.

קַר לָנוּ. We are cold.

חַם לִי. I am hot.

נָעִים לִי. I am pleased.

טוֹב לָהּ. She is satisfied.

LESSON 23b   *Vocabulary for Reading on Page 163*

אַגְרֶסִיבִי	aggressive	מֶמְשָׁלָה	government
אַגְרֶסִיבִיּוּת	aggressiveness	מֶנְטָלִיּוּת	mentality
בַּקְבּוּק	bottle	מַקְסִי	maxi
הִשִּׂיג	to get	עוֹלָם	world
הִשְׁוָה	to compare	פָּקִיד	clerk
חֶבְרָה	society, company	רַכּוּת	tenderness
חָפְשִׁי, חופשי	free, liberal	רְצִינִי	serious
מִינִי	mini	שָׁלֵו	peaceful
מִכְנָסַיִם	m.pl., trousers	שַׁלְוָה, שלווה	peace
מָלֵא, מְלֵאָה	full	שֶׁקֶט	n., quiet

Expressions

בְּדֶרֶךְ כְּלָל	generally	עֲדַיִן לֹא	not yet
גַּן יְלָדִים	kindergarten		

Grammar

1 In the first conjugation *hif‘il*, the prefixes are the same as those of the third conjugation.
a In the present, the suffixes are the regular first conjugation suffixes. The present of הִשְׁוָה, *to compare*, follows:

אֲנִי	אַתָּה	הוּא	מַשְׁוֶה
	אַתְּ	הִיא	מַשְׁוָה
אֲנַחְנוּ	אַתֶּם	הֵם	מַשְׁוִים
	אַתֶּן	הֵן	מַשְׁווֹת

b In the past, the suffixes vary slightly from the first conjugation *qal* and *pi*ᶜ*el* suffixes, having *ṣere* instead of *ḥiriq*. The list of suffixes and the paradigm of הִשְׁוָה in the past follow:

	Suffixes		*compared*	
	Singular	*Plural*	*Singular*	*Plural*
1	-ֵיתִי	-ֵינוּ	הִשְׁוֵיתִי	הִשְׁוֵינוּ
2m	-ֵיתָ	-ֵיתֶם	הִשְׁוֵיתָ	הִשְׁוֵיתֶם
2f	-ֵית	-ֵיתֶן	הִשְׁוֵית	הִשְׁוֵיתֶן
3m	-ָה	-וּ	הִשְׁוָה	הִשְׁווּ
3f	-ְתָה		הִשְׁוְתָה	

c In the future, the regular first conjugation suffixes are used:

	Singular	*Plural*
1	אַשְׁוֶה	נַשְׁוֶה
2m	תַּשְׁוֶה	תַּשְׁווּ
2f	תַּשְׁוִי	
3m	יַשְׁוֶה	יַשְׁווּ
3f	תַּשְׁוֶה	

Feminine plural: תַּשְׁוֶינָה

d The infinitive ends in וֹת- as do all first conjugation infinitives:

לְהַשְׁווֹת to compare   לְהַלְווֹת to lend

e Note the *segol* in the past of the common verb, הֶרְאָה, *to show*.

	Singular	*Plural*
1	הֶרְאֵיתִי	הֶרְאֵינוּ
2m	הֶרְאֵיתָ	הֶרְאֵיתֶם
2f	הֶרְאֵית	הֶרְאֵיתֶן
3m	הֶרְאָה	הֶרְאוּ
3f	הֶרְאֲתָה	

2 The root of הִשִּׂיג, *to get, acquire,* is נשג, and the verb is conjugated in the *hif'il* like הִכִּיר: מַשִּׂיג, מַשִּׂיגָה; הִשִּׂיג, הִשַּׂגְתִּי; יַשִּׂיג, etc. The infinitive follows the pattern: לְהַשִּׂיג.

3 In 21:4f., we were introduced to the concept of סְמִיכוּת and noted that certain nouns undergo changes in the bound form, mainly with respect to the vowels.

The following is a list of some common bound form formations:

a As seen in 21:5, feminine nouns ending in ָה- change that ending to ַת-:

תַּלְמִידָה	pupil	תַּלְמִידַת אֻלְפָּן	Ulpan pupil

b The plural ending ִים - is changed into ֵי-:

תַּלְמִידִים	pupils	תַּלְמִידֵי אֻלְפָּן	Ulpan pupils
תַּפּוּזִים	oranges	תַּפּוּזֵי פְלוֹרִידָה	Florida oranges

c The dual ending ַיִם - is also changed into ֵי-:

יָדַיִם	hands	יְדֵי רָחֵל	Rachel's hands
מִכְנָסַיִם	trousers	מִכְנְסֵי דָּוִד	David's trousers

d The plural ending וֹת- is retained and undergoes no change:

אֲרוּחוֹת	meals	אֲרוּחוֹת צָהֳרַיִם	lunches
אֲרוֹנוֹת	closets	אֲרוֹנוֹת בְּגָדִים	clothes closets

e Masculine nouns ending in a consonant preceded by *qamaṣ (xx̄-)* shorten the *qamaṣ* to *pataḥ:*

מִכְתָּב	letter	מִכְתַּב דָּוִד	David's letter
מַעְיָן	spring	מַעְיַן גִּיחוֹן	Spring of Gihon
מִגְדָּל	tower	מִגְדַּל דָּוִד	Tower of David

f In the plural, this *qamaṣ* is further shortened to *shəva:*

מִכְתָּבִים	letters	מִכְתְּבֵי דָוִד	David's letters
מַעְיָנוֹת	springs	מַעַיְנוֹת מַיִם	springs of water
מִגְדָּלִים	towers	מִגְדְּלֵי יָפוֹ	towers of Jaffa

g Words beginning with a consonant followed by *qamaṣ* or *ṣere*,* shorten the *qamaṣ* or *ṣere* to *shəva* or *ḥatef* as in forming the feminine or plural (3:1):

צָפוֹן	north	צְפוֹן אֲמֶרִיקָה	North America
מָקוֹם	place	מְקוֹם עֲבוֹדָה	place of work
חָבֵר	friend	חֲבֵר חַנָּה	Hannah's friend
דָּבָר	word, thing	דְּבַר הַמֶּלֶךְ	word of the king
שָׁנָה	year	שְׁנַת הַלִּמּוּדִים	academic year
דֵּעָה	opinion	דַּעַת רוּת	Ruth's opinion

h Nouns with a free form ending in ־ֶה have a bound form ending in ־ֵה:

מוֹרֶה	teacher	מוֹרֵה הַיְלָדִים	the children's teacher

i Singular segolate nouns remain unchanged in the bound form:

סֵפֶר	book	סֵפֶר יוֹסֵף	Joseph's book
אֶרֶץ	land	אֶרֶץ יִשְׂרָאֵל	land of Israel
חֹדֶשׁ	month	חֹדֶשׁ אַפְּרִיל	month of April

The exception to this is חֶדֶר which becomes חֲדַר as in חֲדַר אֹכֶל, *dining room.*

j The plural segolate bound form is formed as follows:

Singular	*Free Plural*	*Bound Plural*
כֶּלֶב	כְּלָבִים	כַּלְבֵי
כֶּסֶף	כְּסָפִים	כַּסְפֵּי
עֶרֶב	עֲרָבִים	עַרְבֵי
סֵפֶר	סְפָרִים	סִפְרֵי

*There are some nouns which are exceptions to this rule, e.g. לֶדֶת מֹשֶׁה, *Moshe's birth.*

Singular	*Free Plural*	*Bound Plural*
חֹדֶשׁ	חֳדָשִׁים	חָדְשֵׁי
שַׁעַר	שְׁעָרִים	שַׁעֲרֵי

Examples

יְלָדִים	boys	יַלְדֵי מַר נוֹי	Mr. Noy's boys
פְּרָחִים	flowers	פִּרְחֵי קַיִץ	summer flowers
אָזְנַיִם	ears	אָזְנֵי הָאִישׁ	the man's ears

Note that in the bound plural the ב, ג, ד, כ, פ and ת have a "soft" sound because they follow a *shəva medium** (*Heb.* שְׁוָא מְרַחֵף). Cf. 0:12. The bound plural כַּסְפֵּי is one of the few exceptions.

In general, then, segolates with *segol* in the first syllable form the bound plural with *pataḥ;* those with *ṣere* form it with *ḥiriq;* and those with *ḥolam* form it with *qamaṣ qatan*. Note the pronunciation: אָזְנֵי, *'ozne;* חָדְשֵׁי, *ḥodshe*.

We see also that if the first letter is a guttural the *ḥatef* becomes a full vowel: עַרְבֵי, חַדְרֵי. If the second letter is a guttural the *shəva* changes into a *ḥatef* while the vowel preceding the *ḥatef* is that of the *ḥatef:* פַּחֲדֵי, שַׁעֲרֵי.

k Bound forms of segolate plurals ending in וֹת- are formed similarly:

אֲרָצוֹת	lands	אַרְצוֹת הַבְּרִית	United States
יְלָדוֹת	girls	יַלְדוֹת רוּת	Ruth's girls
שְׂמָלוֹת	dresses	שִׂמְלוֹת עֶרֶב	evening dresses
נְכָדוֹת	granddaughters	נֶכְדוֹת גב' כֹּהֵן	Mrs. Cohen's granddaughters

Note that the characteristics which are peculiar to masculine segolate nouns are true for these nouns also.

l Nouns of the type דָּבָר and מָרָק, although not segolates, are indistinguishable from the latter in the bound plural:

דִּבְרֵי הַמּוֹרֶה	the teacher's words
מִרְקֵי יְרָקוֹת	vegetable soups

4 There are, of course, many nouns which do not change in the bound form.

*The medium *shəva* is a *vocal shəva* (שְׁוָא נָע) that has become *quiescent* (שְׁוָא נָח).

a Short vowels in the first syllable of two-syllable words do not change:

תַּלְמִיד סִפּוּר עַתִּיק תַּפּוּז

b Nouns on the pattern פּוֹעֵל do not change:

כּוֹתֵב writer רוֹפֵא doctor שׁוֹמֵר guard

c Syllables containing the long vowels *xִי*, *xֵי*, *xוֹ*, and *xוּ* do not shorten:

שִׁיר	song	שִׁיר הַשִּׁירִים	Song of Songs
בֵּיצָה	egg	בֵּיצַת עוֹף	chicken's egg
תּוֹר	line	תּוֹר אֲנָשִׁים	line of people
זוּג	pair	זוּג נַעֲלַיִם	pair of shoes

5 Note these common bound forms:
a בַּיִת becomes -בֵּית, בָּתִּים becomes בָּתֵּי.

בֵּית-כְּנֶסֶת synagogue בָּתֵּי-סֵפֶר schools

b אִשָּׁה becomes אֵשֶׁת.

אֵשֶׁת מַר לִבְנִי Mr. Livni's wife

c The bound plural of שָׁנָה is generally שְׁנוֹת (*free:* שָׁנִים), of מִלָּה, מִלּוֹת (*free:* מִלִּים).

שְׁנוֹת שָׁלוֹם years of peace מִלּוֹת הַסֵּפֶר words of the book

6 The bound forms of the numbers are:

Feminine		*Masculine*	
שֵׁשׁ	אַחַת	שֵׁשֶׁת	אַחַד
שְׁבַע	שְׁתֵּי	שִׁבְעַת	שְׁנֵי
שְׁמוֹנֶה	שְׁלֹשׁ	שְׁמוֹנַת	שְׁלֹשֶׁת
תְּשַׁע	אַרְבַּע	תִּשְׁעַת	אַרְבַּעַת
עֶשֶׂר	חֲמֵשׁ	עֲשֶׂרֶת	חֲמֵשֶׁת

a The bound forms of masculine numbers are used a) before thousands, e.g. חֲמֵשֶׁת אֲלָפִים, *5000;* b) before the definite article, e.g. שֵׁשֶׁת הַיָּמִים, *the six days;* c) before bound structures, e.g. שְׁלֹשֶׁת בַּקְבּוּקֵי יַיִן, *three bottles of wine;* and d) before nouns with pronominal suffixes, e.g. שְׁלֹשֶׁת בָּנָיו, *three of his sons.*

b The bound forms of feminine numbers are used as follows: (a) before the words מֵאוֹת and עֶשְׂרֵה, e.g. תְּשַׁע מֵאוֹת, שְׁמוֹנֶה עֶשְׂרֵה; (b) שְׁלֹשׁ and חֲמֵשׁ before a noun in a bound structure, e.g. שְׁלֹשׁ הַיְלָדוֹת, *three of the girls*; חֲמֵשׁ שְׁנוֹת לִמּוּדִים, *five years of study* (*but note:* תְּשַׁע הַתַּלְמִידוֹת, *nine of the students*); and (c) before a noun with pronominal suffixes, e.g. שְׁבַע בְּנוֹתָיו, *seven of his daughters*.

Exercises. Point the bound forms in *Sifron* exercises, pages 164 and 165 and supply and point the plurals of the bound forms. *Supplementary Exercise #1*. Give the bound forms of the words in parentheses.

Example: (מכתב) מִכְתַּב החבר שלי בא מ(צפון) צְפוֹן אמריקה.

1 ראיתי את (חברים) ______ המורה ב(דרום) ______ אמריקה.
2 הם שמו את (ספרים) ______ הסטודנטים ב(חדר) ______ האוכל.
3 הוא קנה את (שמלות) ______ האשה ב(מערב) ______ אירופה. 4 קראנו
את (דברים) ______ ראש הממשלה ב(עיתונים) ______ הארץ. 5 (רגלים)
______ מר לוי כואבות לו והוא הולך אל (בית) ______ החולים. 6 (ילדים)
______ השכונה לומדים ב(בניינים) ______ בית-הספר.

Supplementary Exercise #2. Provide missing verbs.

1 א בשנה שעברה ______
ב השנה הבנק (הלוה) ______ לנו את הכסף.
ג בשנה הבאה ______

2 א אתמול אנחנו (השוה) ______ את שתי הכיתות בבית-הספר.
ב היום ______
ג מחר ______

3 א בשבוע שעבר ______
ב השבוע המדריכה (הראה) ______ לתיירים את האוניברסיטה.
ג בשבוע הבא ______

LESSON 23c *Vocabulary for Reading on Pages 166-167*

אִינְטֶלִיגֶנְטִי	intelligent	דָּרוּשׁ	wanted
בִּלָּה, בילה	to spend (time)	הִרְוִיחַ	to earn
גִּיל	age	כְּתֹב! כתוב!	write!

לוּחַ, לוּחוֹת	board, schedule	נָאֶה	pleasant
מוֹדָעָה	advertisement	עָנִי	poor
מִינִימוּם	minimum	פָּנָה	to turn, apply
מְעֻנְיָן, מְעֻנְיֶנֶת	interested	פְּרָטִי	private
מַשְׂכִּיל	cultured, learned	שִׁדּוּךְ, שידוך	match
מִשְׂרָד	office	תֵּבָה	box

Expressions

אַחַר הַצָּהֳרַיִם	afternoon	"יְדִיעוֹת אַחֲרוֹנוֹת"	*name of newspaper*
"הָאָרֶץ"	*name of newspaper*	תֵּבַת דֹּאַר	postal box
הַלּוּחַ הַכָּפוּל	classified advertising of 2 newspapers	ת.ד.	*abbreviation*, P.O.B.

Grammar

1 Note that in the first conjugation *pi^cel* verb בִּלָּה, the ב, as do all the בגדכפת letters, loses the *dagesh* after the *shəva* or *hatef* in the present, future, and infinitive forms: מְבַלֶּה, מְבַלּוֹת; נְבַלֶּה, אֲבַלֶּה; לְבַלּוֹת, etc.

LESSON 23d *Vocabulary for Reading on Page 168*

הִמְלִיץ עַל	to recommend	סִכֵּם	to summarize
הַמְלָצָה	recommendation	פִיזִיקָה	physics
כָּבוֹד	honour, respect	פְּרָט	detail

Expressions

אָדוֹן נִכְבָּד	Dear Sir	לִכְבוֹד	to *(in letter)*
א.נ.	*abbreviation*	מֻסְמַךְ אוּנִיבֶרְסִיטָה	M.A.
בִּכְבוֹד רַב	sincerely, respectfully	מ.א.	*abbreviation*

Grammar

1 The preposition עַל, *upon*, takes the same pronominal suffixes as the preposition אֶל, *to* (17:10).

	Singular	*Plural*
1	עָלַי	עָלֵינוּ
2m	עָלֶיךָ	עֲלֵיכֶם
2f	עָלַיִךְ	עֲלֵיכֶן
3m	עָלָיו	עֲלֵיהֶם
3f	עָלֶיהָ	עֲלֵיהֶן

Note the shortening of the *ṣere* to *ḥatef* in 2 and 3pl. forms because of the change in stress.

Vocabulary for Supplementary Exercises on pages 170-176

אוֹפְּטִימִיסְט	optimist	מִלְחָמָה	war
אַלִיבִּי	alibi	מִסְפָּרָה	beauty salon
גֶּבֶר	*seg.*, man	סֵדֶר	Passover Service
דַּי	enough	!סַפֵּר	*m.sg.*, tell!
הַתְחָלָה	beginning	פְּגִישָׁה	meeting
חָזַר	to return	פֶּסִימִיסְט	pessimist
טִפֵּשׁ, טִפְּשָׁה	foolish	צַעֲצוּעַ	toy
יָכֹלְנוּ, יכולנו	we were able	שִׁחְרוּר	freedom, liberation
לָשֶׁבֶת	to sit *inf. of* יָשַׁב	תְּנַאי	condition

Expressions

בֵּית מִשְׁפָּט	law court	מַה נִּשְׁתַּנָּה	4 questions at Passover service
בְּעֵרֶךְ	approximately		
הַפַּעַם	this time	מִחוּץ לְ	outside of

Exercises. Point the words to be supplied in these exercises.

LESSON 1

Vocabulary

אָדָם	man
אֵיזוֹ	*f.*, which
אֲמֵרִיקָנִי	American
בַּד	cloth
בִּשֵּׁל	to cook
גִּדֵּל	to raise
דַּנִּי	Danish
חָלוּק	robe
חֲלִיפָה	suit
חָלַץ	to remove (shoes)
טָעִים	tasty
יְוָנִי	Greek
יִצֵּא	to export
יִצֵּר	to produce
יַרְדְּנִי	Jordanian
יִתְחַתְּנוּ	they will marry
כֵּלִים	*m.pl.*, dishes
כּוּרְסָה	armchair
מִזְרָח	east
מִזְרָחִי	eastern
מִלּוּאִים, מילואים	*m.pl.*, reserves
מַעֲרָבִי	western
מִצְרַיִם	Egypt
מֶקְסִיקָנִי	Mexican
נִכְנְסָה	she entered
נִמְכֶּרֶת	*f.*, is sold
נִמְצָא, נִמְצֵאת	is (found)
נַעַל, נַעֲלַיִם	*f.*, shoe(s)
נָעַל	to put on (shoes)
סֵפֶל	cup
עֵט	pen
פֶּרַח	flower
פָּשַׁט	to remove (clothes)
רִקּוּד, ריקוד	dance
שְׁוֵיצָרִי	Swiss
שְׁוֵיצַרְיָה	Switzerland
שָׁטִיחַ	carpet
תּוֹצֶרֶת	product
תָּכְנִית, תָּכְנִיּוֹת	plan, program
תָּפַר	to sew

Expressions

בְּיֹקֶר, ביוקר	*adv.*, dear(ly)
הַמִּזְרָח הָרָחוֹק	the Far East

לִפְנֵי-כֵן	previously	נַעֲלֵי-בַּיִת	slippers

Grammar

1 When the first letter of a third conjugation verb in the *hifʿil* is a guttural, א, ח, or ע, certain vocalic changes take place. In the past tense the prefix changes from -הִ to -הֶ. Note that with א or ע, the *shəva* changes to *ḥataf segol*. With ח, it may become *ḥataf segol* or remain *shəva*.

הֶאֱכִיל	he fed		הֶאֱכַלְתִּי	I fed
הֶעֱמִיד	he placed		הֶעֱבַרְנוּ	we moved
הֶחֱלַפְתָּ	you changed	*or*	הֶחְלַפְתָּ	you changed

In the present, future, and infinitive, the prefix retains the *pataḥ*, but א or ע takes *ḥataf pataḥ*. The ח may take the *ḥatef* or retain the *shəva* arbitrarily.
The full paradigms are as follows:

Present

אֲנִי	אַתָּה	הוּא	מַעֲמִיד
	אַתְּ	הִיא	מַעֲמִידָה
אֲנַחְנוּ	אַתֶּם	הֵם	מַעֲמִידִים
	אַתֶּן	הֵן	מַעֲמִידוֹת

	Singular	*Plural*	*Singular*	*Plural*
1	הֶעֱמַדְתִּי	הֶעֱמַדְנוּ	אַעֲמִיד	נַעֲמִיד
2m	הֶעֱמַדְתָּ	הֶעֱמַדְתֶּם	תַּעֲמִיד	תַּעֲמִידוּ
2f	הֶעֱמַדְתְּ	הֶעֱמַדְתֶּן	תַּעֲמִידִי	
3m	הֶעֱמִיד	הֶעֱמִידוּ	יַעֲמִיד	יַעֲמִידוּ
3f	הֶעֱמִידָה		תַּעֲמִיד	
			Feminine plural:	תַּעֲמֵדְנָה

2 *Binyan hifʿil* frequently has a causative sense, as may be seen from the following list.

אָכַל	to eat	הֶאֱכִיל	to feed
עָמַד	to stand	הֶעֱמִיד	to place
עָבַר	to pass, *i.v.*	הֶעֱבִיר	to pass, *t.v.*

כָּתַב	to write	הִכְתִּיב	to dictate
לָבַשׁ	to wear	הִלְבִּישׁ	to dress, *t.v.*
דָּלַק	to burn, *i.v.*	הִדְלִיק	to light
זָכַר	to remember	הִזְכִּיר	to remind
חָזַר	to return, *i.v.*	הֶחֱזִיר	to return, *t.v.*

Exercises. Point the verbs to be supplied in ex. 1 on page 4 in *Sifron*.
Supplementary exercise. Change the verbs in the following sentences first to the past and then to the future. Provide pointing.

Example: חנה מַאֲכִילָה את הילד. חנה הֶאֱכִילָה את הילד. חנה תַּאֲכִיל את הילד.

1 אנחנו מעמידים את הכיסאות בחדר השני.

2 אתה מעביר את הספרים לסטודנטים.

3 הם מאכילים את הילד שוקולד.

4 היא מחזירה את הספרים לספריה.

5 את מחליפה את הבגדים פעמיים ביום.

LESSON 2

Vocabulary

בַּעֲלַת-בַּיִת	landlady	מַעֲלִית	elevator
בֵּינֵיהֶם	amongst themselves	מְרֻהָט, מְרֻהֶטֶת	furnished
דַּיָּר, דַּיֶּרֶת	tenant	מרוהט	*unpointed*
הֶחְלִיט	to decide	מֶרְכָּז	centre
הַכִּירוּ!	meet!	מִתְוַכְּחִים	*pl.*, argue
הִסְתַּכֵּל בְּ	to look at	נוּ	so
הִצִּיעַ	to suggest	סַפְסָל	bench
הִשְׂכִּיר	to let	צִלְצֵל	to ring
הִשְׁתַּמֵּשׁ בְּ	to use	רַעְיוֹן, רַעְיוֹנוֹת	*m.*, idea
מַדְרֵגָה	stair	שָׂכַר	to rent
מַכֹּלֶת, מכולת	grocery	שָׂכָר	payment

Expressions

דִּירָה בַּת שְׁלֹשָׁה חֲדָרִים three-room apartment

שְׂכַר דִּירָה rent

שְׂפַת הַיָּם seashore

Grammar

1 The Hebrew word for verb is פֹּעַל from the root פעל, *to act, do.* Note that the names of the *binyanim (pa^{c}al, pi^{c}el, hif^{c}il)* are based on this root. For all practical purposes, we say that Hebrew roots have three consonants, even when all three are not apparent in the verb form. On the basis of the root פעל, we call the first consonant the פ of the root, the second consonant the ע of the root, and the third consonant the ל of the root. Thus in the root למד the ל corresponds to פ, the מ to ע, and the ד to ל. This is important in that verbs with certain irregularities or properties can quickly be designated in this fashion. Thus, verbs like הִגִּיד, הִגִּיעַ, and הִכִּיר are known simply as פ"נ verbs instead of "verbs having נ as first root consonant".

a The Hebrew name for verbs of the first conjugation is ל"ה *(lamed-he)* because the third root consonant of these verbs is *apparently* ה, as in עוֹלֶה or רָצָה. Note, however, that this ה is only a vowel letter and that the real root is עלי, רצי, etc. The *yod* reappears in such forms as עָלִיתִי, רָצִיתִי, etc. For this reason, the *Sifron,* according to modern usage, calls them ל"י verbs.

b Second conjugation verbs are called ע"ו *(^{c}ayin-vav)* or ע"י *(^{c}ayin-yod)* in Hebrew. Therefore ע"ו means that the ע, or second letter, is a ו. Although this *vav* or *yod* is not seen in the present or past tense, it reappears in the future and infinitive, e.g. לָגוּר, *to live;* יָשִׂים, *he will put;* לָשִׂים, *to put.*

2 Another class of verbs is the פ"י *(pe-yod)* verb. In the *qal* present and past, they are perfectly regular, e.g. יָשַׁבְתִּי, *I sat;* יוֹשֵׁב, *sits,* etc. You may have noticed that the *qal* infinitive frequently follows the following pattern:

לָשֶׁבֶת	to sit	לָרֶדֶת	to descend
לָדַעַת	to know (*patah̩* because of guttural, cf. 10:2)		
לָצֵאת	to go out ("quiescent" *'alef*)		
לָלֶדֶת	to give birth		

a The future *qal* of the פ"י verbs, יָשַׁב, יָרַד, יָצָא, and יָלַד, *to give birth,* is conjugated as in the following paradigm. In the verb יָדַע, there is a *patah̩* instead of *s̩ere* because of the guttural.*

*The rare verbs יָחַד, *to be united,* and יָקַע, *to be alienated,* are conjugated similarly in the *qal* future.

	Singular	Plural	Singular	Plural
1	אֵשֵׁב	נֵשֵׁב	אֵדַע	נֵדַע
2m	תֵּשֵׁב		תֵּדַע	
		תֵּשְׁבוּ		תֵּדְעוּ
2f	תֵּשְׁבִי		תֵּדְעִי	
3m	יֵשֵׁב		יֵדַע	
		יֵשְׁבוּ		יֵדְעוּ
3f	תֵּשֵׁב		תֵּדַע	

Feminine plural: תֵּשַׁבְנָה   תֵּדַעְנָה

b The verb הָלַךְ functions as a פ"י verb. Its infinitive is לָלֶכֶת. It is conjugated in the future as follows:

	Singular	Plural
1	אֵלֵךְ	נֵלֵךְ
2m	תֵּלֵךְ	
		תֵּלְכוּ
2f	תֵּלְכִי	
3m	יֵלֵךְ	
		יֵלְכוּ
3f	תֵּלֵךְ	

Feminine plural: תֵּלַכְנָה

c Note that the future of יָשֵׁן does *not* follow the pattern of the above פ"י verbs. See 16:4.

3 The verb הִצִּיעַ (*root:* יצע) is conjugated like the verbs הִצִּיג, הִכִּיר, etc. The infinitive follows the pattern: לְהַצִּיעַ.

4 The verb צִלְצֵל, like the verb טִלְפֵּן, has four root letters and belongs to the fourth conjugation. It is conjugated like a pi^cel verb: לְצַלְצֵל, אֲצַלְצֵל, צִלְצַלְתִּי, מְצַלְצֵל, etc. (17:9).

> הֵם מְצַלְצְלִים בַּדֶּלֶת. They are ringing at the door.

5 The declension of כֹּל, *all of me, you, it,* etc. is:

	Singular	Plural
1	כֻּלִּי	כֻּלָּנוּ
2m	כֻּלְּךָ	כֻּלְּכֶם
2f	כֻּלֵּךְ	כֻּלְּכֶן
3m	כֻּלּוֹ	כֻּלָּם
3f	כֻּלָּה	כֻּלָּן

Note the unpointed spelling: כולי, כולך, etc.

6 When giving telephone numbers, street addresses, room numbers, transportation lines, etc.,in Hebrew, feminine numbers are used.

הוּא גָּר בִּרְחוֹב הַמֶּלֶךְ ג׳וֹרְג׳ מִסְפָּר עֶשְׂרִים וְשָׁלֹשׁ. He lives at 23 King George St.

אֲנַחְנוּ צְרִיכִים לָקַחַת אוֹטוֹבּוּס מִסְפָּר תֵּשַׁע. We must take bus 9.

7 Note the use of the imperative of בָּא plus the future.

בּוֹאִי רוּת, נֵלֵךְ לְקוֹלְנוֹעַ. Come Ruth, let's go the movies.

Exercises. Point verbs in exercise on page 11 in *Sifron*.

LESSON 3

Vocabulary

אוֹת, אוֹתִיּוֹת letter

בְּעַצְמוֹ by himself

הִזְדַּמְּנוּת opportunity

הַזְמִינוּ! *pl.*, order!

הֲנָחָה discount

הַרְעִישׁ to make noise

הִשְׁתַּגַּעְתְּ! Are you crazy!

הִתְיַקֵּר to become expensive

הִתְקָרֵב אֶל to approach

וַדַּאי certainly

חַכִּי! *f.sg.*, wait!

חֻפְשָׁה vacation

חֲצִי *bd. form*, half

כּוֹבַע, כּוֹבָעִים hat

כּוֹס, כּוֹסוֹת *f.*, glass, cup

כְּלוּם nothing (*used with* לֹא)

כְּלָלִי general

כְּתִיבָה *n.*, writing

לְהִפָּגֵשׁ עִם to meet with (*inf. of* נִפְגַּשׁ)

לְכִי! *f.*, go!

מֵאָה century

מַהֵר to hurry

מְחִיר price

מְכִירָה *n.*, sale

מִלּוֹן, מילון dictionary

מְצִיאָה *n.*, bargain (*lit.* find)

מְרֻצֶּה, מרוצה	satisfied	נִשְׁאַר	*i.v.*, to remain
מְקָרֵר	refrigerator	סִדֵּר, סידר	to arrange
מַתְאִים	suitable	סְכוּם	sum
מַתָּנָה	gift, present	עֹדֶף, עודף	change
נוֹלְדוּ	they were born	עָנָה	to answer
נוֹרָא	awful(ly)	עִקָּר, עיקר	essence, basis
נִכְנַס	he entered	פִּנָּה, פינה	corner
נִכָּנֵס, ניכנס	let's go in	קוֹדֵם	last, previous
נִסְתַּכֵּל	let's look at	קְנִי!	*f.sg.*, buy
נִפָּגֵשׁ, ניפגש	let's meet	קַשׁ	straw
נִפְגַּשְׁנוּ	we met	תְּאוֹמִים	*m.*, twins
נִפְלָא, נִפְלָאָה	wonderful	תְּאוֹמוֹת	*f.*, twins
נִצֵּל, ניצל	to use, exploit	תִּקֵּן, תיקן	to repair

Expressions

הָעִקָּר שֶׁ	the main thing is	מִזְּמַן	since long ago
חַלּוֹן רַאֲוָה	display window	מִמּוּל	opposite
חֲנוּת כָּל בּוֹ	department store	מַמָּשׁ	absolutely, simply
יוֹם הֻלֶּדֶת	birthday	מָצָא חֵן בְּעֵינֵי	to like *(lit.* to find favour in eyes of*)*
כַּנִּרְאֶה	apparently	מֵרָחוֹק	from afar
כַּעֲבֹר, כעבור	after the lapse of	נִצֵּל הִזְדַּמְּנוּת	to take advantage of
מֶזֶג אֲוִיר	weather	סוֹף סוֹף	finally

Grammar

1 *Binyan hitpa^{c}el*. This *binyan* is distinguished by two characteristics: a) a prefix with ת (-הִתְ, -מִתְ, -יִתְ, etc.); b) the doubling of the second root consonant (except when that consonant is א, ה, ח, ע, or ר) as in the *pi^{c}el*. The stem in all forms follows the pattern: -חַתֵּן-, -לַבֵּשׁ-, -וַכֵּחַ- (if the third

root letter is ח or ע), -יַקֵּר-, etc. (If the second root consonant is א or ר, the *pataḥ* is lengthened to *qamaṣ:* -בָּאֵר-, *explain,* -גָּרֵשׁ-, -קָרֵב-).

a The present of the third conjugation *hitpaᶜel* is formed from the prefix -מִתְ plus the stem plus the present tense suffixes. The present tense of מִתְלַבֵּשׁ, *gets dressed,* and מִתְוַכֵּחַ, *argues,* follows:

אֲנִי	אַתָּה	הוּא	מִתְוַכֵּחַ	אֲנִי	אַתָּה	הוּא	מִתְלַבֵּשׁ
	אַתְּ	הִיא	מִתְוַכַּחַת		אַתְּ	הִיא	מִתְלַבֶּשֶׁת
אֲנַחְנוּ	אַתֶּם	הֵם	מִתְוַכְּחִים	אֲנַחְנוּ	אַתֶּם	הֵם	מִתְלַבְּשִׁים
	אַתֶּן	הֵן	מִתְוַכְּחוֹת		אַתֶּן	הֵן	מִתְלַבְּשׁוֹת

You will have noted by now that a *mem* prefix is characteristic of *piᶜel, hifᶜil,* and *hitpaᶜel* in the present tense.

b In the past, *hitpaᶜel* takes the prefix -הִתְ and the regular third conjugation suffixes. Note, however, that Philippi's Law (11:3) applies.

	Singular	*Plural*	*Singular*	*Plural*
1	הִתְלַבַּשְׁתִּי	הִתְלַבַּשְׁנוּ	הִתְוַכַּחְתִּי	הִתְוַכַּחְנוּ
2m	הִתְלַבַּשְׁתָּ	הִתְלַבַּשְׁתֶּם	הִתְוַכַּחְתָּ	הִתְוַכַּחְתֶּם
2f	הִתְלַבַּשְׁתְּ	הִתְלַבַּשְׁתֶּן	הִתְוַכַּחְתְּ	הִתְוַכַּחְתֶּן
3m	הִתְלַבֵּשׁ	הִתְלַבְּשׁוּ	הִתְוַכֵּחַ	הִתְוַכְּחוּ
3f	הִתְלַבְּשָׁה		הִתְוַכְּחָה	

c The infinitive follows the pattern:

לְהִתְלַבֵּשׁ	to get dressed	לְהִתְקָרֵב	to approach
לְהִתְוַכֵּחַ	to argue	לְהִתְגָּרֵשׁ	to divorce

2 *Binyan hitpaᶜel* frequently has a reflexive or reciprocal sense:

הִתְרַחֵץ	to wash oneself	*cf.*	רָחַץ	to wash *(t.v.)*
הִתְלַבֵּשׁ	to dress oneself	*cf.*	הִלְבִּישׁ	to dress *(t.v.)*
הִתְכַּתֵּב	to correspond	*cf.*	כָּתַב	to write

This is *not,* however, always the case, e.g. הִתְפַּלֵּל, *to pray.*

3 The verb יָכֹל is irregular in the past and future:

	Past		Future	
	Singular	*Plural*	*Singular*	*Plural*
1	יָכֹלְתִּי	יָכֹלְנוּ	אוּכַל	נוּכַל
2m	יָכֹלְתָּ	*יְכָלְתֶּם	תּוּכַל	תּוּכְלוּ
2f	יָכֹלְתְּ	*יְכָלְתֶּן	תּוּכְלִי	
3m	יָכֹל	יָכְלוּ	יוּכַל	יוּכְלוּ
3f	יָכְלָה		תּוּכַל	

*Qamaṣ qaṭan Feminine plural: תּוּכַלְנָה

Note the unpointed spelling: יכולתי, יכולת, יכול, etc.

4 The preposition -בעצמ means *by ______self* and is declined as follows:

	Singular	*Plural*
1	בְּעַצְמִי	בְּעַצְמֵנוּ
2m	בְּעַצְמְךָ	בְּעַצְמְכֶם
2f	בְּעַצְמֵךְ	בְּעַצְמְכֶן
3m	בְּעַצְמוֹ	בְּעַצְמָם
3f	בְּעַצְמָהּ	בְּעַצְמָן

Exercises. Point verbs to be supplied in exercises on pages 17, 19, and 20 in *Sifron.*

LESSON 4

Vocabulary

אֲדָמָה	ground	בְּרִית, בְּרִיתוֹת	*f.*, covenant
אֲרוֹן	*here*, ark	בְּרֵכָה, בריכה	pool
אַרְכֵיאוֹלוֹג	archaeologist	בְּתוֹךְ	within
אַרְמוֹן (-נוֹת)	*m.*, palace	גְּבוּל, גְּבוּלוֹת	*m.*, border
בָּכָה	to cry	גִּדּוּל, גידול	growth
בְּנוֹ	his son	גִּיחוֹן	Gihon

גָּלָה, גילה	to discover, reveal
דָּג, דָּגִים	fish
דִּמְעָה, דְּמָעוֹת	*seg.*, tear (of eye)
דֶּלֶת, דְּלָתוֹת	*seg.*, door
דָּרוֹם	south
הַאִם	*particle introducing a question*
הֵבִיא	he brought
הוֹרְדוֹס	Herod
הַר	hill, mountain
הִרְחִיב	to expand
זֵיתִים: הַר הַזֵּיתִים	Mt. of Olives
חִזְקִיָּהוּ	Hezekiah
חֲפִירָה	excavation
חֻרְבָּן, חורבן	ruin, destruction
טָעַן	to claim, maintain
יָפוֹ	Jaffa
כֹּתֶל: הַכֹּתֶל הַמַּעֲרָבִי	the Western Wall
לְפִי	according to
מִגְדָּל	tower
מוֹרִיָּה: הַר הַמּוֹרִיָּה	Mt. Moriah
מִנְזָר	monastery
מַעְיָן, מעיין	spring
מַפָּה	map
מִפְעָל	work, project
מְצוּדָה	fortress
מָשִׁיחַ	Messiah
נְסִיעָה	journey, trip
נִקְרָא	is called
סָגוּר	closed
עִירִיָּה	municipality
פָּתוּחַ	open
צוֹפִים: הַר הַצּוֹפִים	Mt. Scopus
צִיּוֹן	Zion
צָפוֹן	north
צַר, צָרָה	narrow
קֶבֶר	grave
קַיָּם, קַיֶּמֶת	exist(s)
קִרְיָה	city, borough
קָשׁוּר	connected
רֹב, רוב	majority
שָׁבוּר	broken
שׁוּק, שְׁוָקִים	market
שָׂרִיד	remnant
תּוֹרָה	Torah
תְּעָלָה	canal
תָּפוּס	occupied
תְּקוּפָה	era, period

Expressions

אֲחָיוֹת צִיּוֹן	Sisters of Zion	לַסְּפִירָה	A.D., C.E.
בֵּית הַמִּקְדָּשׁ	the Temple	מֵחָדָשׁ	anew
הַבַּיִת הַשֵּׁנִי	the Second Temple	מִתַּחַת לְ	beneath
הַר הַבַּיִת	the Temple Mount	קִרְיַת הָאוּנִיבֶרְסִיטָה	University City
וִיָּא דוֹלוֹרוֹזָה	Via Dolorosa	קִרְיַת מֹשֶׁה	name of district in Jerusalem

Grammar

1 With expressions of location such as *south of, underneath,* etc. the following construction is used:

מִדָּרוֹם לְהַר הַבַּיִת south of the Temple Mount

מִתַּחַת לָאֲדָמָה underneath the ground

However, note that *within, in the centre of, in the north of, in the south of,* etc., are expressed by the סְמִיכוּת construction as follows:

בְּמֶרְכַּז הָעִיר in the centre of the city

בְּתוֹךְ הָעִיר within the city

בִּדְרוֹם הָאָרֶץ in the south of the country

2 נִמְצָא, *is (found), exists,* is conjugated as follows:

אֲנִי	אַתָּה	הוּא	נִמְצָא
	אַתְּ	הִיא	נִמְצֵאת
אֲנַחְנוּ	אַתֶּם	הֵם	נִמְצָאִים
	אַתֶּן	הֵן	נִמְצָאוֹת

3 The verb נִקְרָא, *is called,* is conjugated in a similar fashion.

4 The passive participle (it is *written;* the bank is *closed;* the table is *sold*) of the third conjugation *qal* is formed on the pattern פָּעוּל (*pa*^{c}*ul*).

כָּתוּב	written	סָגוּר	closed
פָּתוּחַ	open	מָכוּר	sold

The inflected forms are:

m.sg.:	כָּתוּב	*f.sg.:*	כְּתוּבָה	*m.pl.:*	כְּתוּבִים	*f.pl.:*	כְּתוּבוֹת

Note: Some of these forms are translated idiomatically.

תָּפוּס	occupied	*from*	תָּפַס	to hold
עָסוּק	busy	*from*	עָסַק	to be occupied with
חָשׁוּב	important	*from*	חָשַׁב	to think
יָדוּעַ	well-known	*from*	יָדַע	to know

5 The passive participle of the first conjugation is formed as follows:

קָנוּי	bought	עָשׂוּי	made
פָּנוּי	free, at leisure	רָצוּי	desirable

The inflected forms are:

m.sg.:	קָנוּי	*f.sg.:*	קְנוּיָה	*m.pl.:*	קְנוּיִים	*f.pl.:*	קְנוּיוֹת

6 Note the declension of לְבַד *(by myself, yourself,* etc.*).*

	Singular	*Plural*
1	לְבַדִּי	לְבַדֵּנוּ
2m	לְבַדְּךָ	לְבַדְּכֶם
2f	לְבַדֵּךְ	לְבַדְּכֶן
3m	לְבַדּוֹ	לְבַדָּם
3f	לְבַדָּהּ	לְבַדָּן

7 These same suffixes can be attached to singular nouns to indicate possession instead of using שֶׁלִּי, שֶׁלְּךָ, etc. There follows a list of the suffixes plus a paradigm of the noun קִבּוּץ.

	Suffixes		*my kibbutz, etc.*	
	Singular	*Plural*	*Singular*	*Plural*
1	-ִי	-ֵנוּ	קִבּוּצִי	קִבּוּצֵנוּ
2m	-ְךָ	-ְכֶם	קִבּוּצְךָ	קִבּוּצְכֶם
2f	-ֵךְ	-ְכֶן	קִבּוּצֵךְ	קִבּוּצְכֶן
3m	-וֹ	-ָם	קִבּוּצוֹ	קִבּוּצָם
3f	-ָהּ	-ָן	קִבּוּצָהּ	קִבּוּצָן

Note that these suffixes are attached to *singular nouns only*. (Cf. 7:1)

קִבּוּצָם בַּגָּלִיל. Their kibbutz is in the Galilee.

8 As in the bound forms, many nouns undergo changes when the suffixes are attached. Some of the more common changes are listed below.

a A *qamaṣ* in the first syllable is shortened to *shəva* or *ḥatef*.

מָקוֹם	place	מְקוֹמִי	my place
שָׁלוֹם	peace	שְׁלוֹמְךָ	your peace
חָבֵר	friend	חֲבֵרוֹ	his friend
דָּבָר	word	דְּבָרָם	their word

b Feminine words ending in ָה- replace the ה by ת.

נְסִיעָה	journey	נְסִיעָתִי	my journey
סִפְרִיָּה	library	סִפְרִיָּתֵנוּ	our library

c Note, however, that nouns ending in *qamaṣ* or in ָה- take a *pataḥ* before the *second person plural* suffixes.

דְּבָרִי	my word		דְּבַרְכֶם	your word
מִכְתָּבֵנוּ	our letter	*but:*	מִכְתַּבְכֶן	your letter
סִפְרִיָּתוֹ	his library		סִפְרִיַּתְכֶם	your library

d Segolate nouns attach the suffixes to the stem of the plural bound form (except for nouns whose stem ends in ב, ג, ד, כ, פ, and ת). For example, the plural bound form of דֶּגֶל, *flag*, is דִּגְלֵי. To the stem -דִּגְל one adds the suffixes: דִּגְלִי, *my flag*; דִּגְלְךָ, *your flag*, etc.

Singular		*Bound Plural*	*Noun plus Suffix*	
חֶדֶר	room	חַדְרֵי	חַדְרִי	my room
סֵפֶר	book	סִפְרֵי	סִפְרְךָ	your book
חֹדֶשׁ	month	חָדְשֵׁי	חָדְשָׁם	their month

Note that segolates ending in ב, ג, ד, כ, פ, and ת have no *dagesh* in the plural bound form (with a few exceptions such as כַּסְפֵּי) but do have a *dagesh* with the suffixes.

Singular	*Bound Plural*	*Noun plus suffix*
כֶּלֶב dog	כַּלְבֵי	כַּלְבִּי my dog
דֶּרֶךְ way	דַּרְכֵי	דַּרְכּוֹ his way

e Note the declensions of these common nouns:

	שֵׁם *my name, etc.*		בֵּן *my son, etc.*	
	Singular	*Plural*	*Singular*	*Plural*
1	שְׁמִי	שְׁמֵנוּ	בְּנִי	בְּנֵנוּ
2m	שִׁמְךָ	שִׁמְכֶם	בִּנְךָ	בִּנְכֶם
2f	שְׁמֵךְ	שִׁמְכֶן	בְּנֵךְ	בִּנְכֶן
3m	שְׁמוֹ	שְׁמָם	בְּנוֹ	בְּנָם
3f	שְׁמָהּ	שְׁמָן	בְּנָהּ	בְּנָן

	בַּיִת *my house, etc.*		אָב *my father, etc.*	
1	בֵּיתִי	בֵּיתֵנוּ	אָבִי	אָבִינוּ
2m	בֵּיתְךָ	בֵּיתְכֶם	אָבִיךָ	אֲבִיכֶם
2f	בֵּיתֵךְ	בֵּיתְכֶן	אָבִיךְ	אֲבִיכֶן
3m	בֵּיתוֹ	בֵּיתָם	אָבִיו	אֲבִיהֶם
3f	בֵּיתָהּ	בֵּיתָן	אָבִיהָ	אֲבִיהֶן

	אֵם *my mother, etc.*		בַּת *my daughter, etc.*	
1	אִמִּי	אִמֵּנוּ	בִּתִּי	בִּתֵּנוּ
2m	אִמְּךָ	אִמְּכֶם	בִּתְּךָ	בִּתְּכֶם
2f	אִמֵּךְ	אִמְּכֶן	בִּתֵּךְ	בִּתְּכֶן
3m	אִמּוֹ	אִמָּם	בִּתּוֹ	בִּתָּם
3f	אִמָּהּ	אִמָּן	בִּתָּהּ	בִּתָּן

f אִשָּׁה, *wife*, is declined: אִשְׁתִּי, אִשְׁתְּךָ, אִשְׁתּוֹ.

9 We have learned that the preposition שֶׁל may be used to indicate possession (21:3).Possession may also be expressed by the use of שֶׁל preceded by a noun with a third person suffix which agrees in gender and number with the noun following שֶׁל as in the following construction:

אִשְׁתּוֹ שֶׁל מַר כֹּהֵן Mr. Cohen's wife

בֵּיתָהּ שֶׁל הַמּוֹרָה the teacher's house

Note also the following construction:

אִשְׁתּוֹ הַיָּפָה שֶׁל מַר כֹּהֵן Mr. Cohen's beautiful wife

בֵּיתָהּ הַגָּדוֹל שֶׁל הַמּוֹרָה the teacher's large house

Vocabulary for map on page 22

בָּתֵּי קְבָרוֹת	cemeteries	נִקְבַּת חִזְקִיָּהוּ	Hezekiah's tunnel
הַבְּרֵכָה הָעֶלְיוֹנָה	the Upper Pool	נִקְבַּת הַשִּׁילוֹחַ	Siloam Channel
יְבוּסִי	Jebusite	שַׁעַר הָאַשְׁפּוֹת	Dung Gate
מִפְעֲלֵי מַיִם	water cisterns	שַׁעַר הָרַחֲמִים	Gate of Mercy (Golden Gate)

Exercises. Point the words to be supplied in ex. 1 on page 26.
Supplementary exercise #1. Provide the proper form of the suffixed noun.

Example: מר לוי נתן לי את (השעון שלו) שְׁעוֹנוֹ.

1 אם תשלח אותו בדואר אקספרס, אני בודאי אקבל את (המכתב שלך) ________.
2 ראיתי באוטובוס את רות ואת (החבר שלה) ________. 3 הוא ישב שם. זה
(המקום שלו) _______. 4 קראתי על החפירות ב(עיתון שלי) ________.
5 מר רוזן הביא את (האשה שלו) _______, את (הבן שלו) _______, את (הבת
שלו) _______, את (האב שלו) ________, ואת (האם שלו) _______, והיינו
צריכים להאכיל את כולם. 6 ב(דרך שלי) ________לאוניברסיטה ראיתי את
(החבר שלנו) ________. 7 (הילד שלהם) ________ שיחק ב(בית שלי) _______.
8 מתי תבוא לבקר ב(ארץ שלנו) _______? 9 שמתי את (המכתב שלכם) _______
על השולחן. 10 (השמלה החדשה שלה) __________ יפה.

Supplementary exercise #2. Provide the appropriate passive participles.

Example: עשו את השולחן בטורונטו. השולחן עָשׂוּי בטורונטו.

1 זאת לא עוגה (קנה) ________; היא (עשה) ________ בבית. 2 מאוד (רצה)
_______ שתבוא אל הכיתה מחר. 3 אנחנו (פנה) ________ כל בוקר בתשע
וחצי. 4 הדלת (פתח) _______ עד שתים עשרה בלילה. 5 החנויות (סגר)
__________ בשבת.

LESSON 5

Vocabulary

אֹהֶל, אוהל	tent
אוּנִיבֶרְסִיטָאִי	*adj.*, university
אִי	island
אֻמָּה, אומה	nation
אֲסִימוֹן	coin, token
אָרַז	to pack
דָּג	to fish
דֶּרֶךְ	*f.*, way
הֲכָנָה	preparation
הֶחֱזִיק בּ	to hold on to
הָעִירָה	to the city
הִתְרַחֵץ	to get washed
זָז	to move
חוֹל	sand
חַיָּל, חַיֶּלֶת	soldier
יְהוּדָה	Judaea
יַלְדוּת	childhood
יַרְדֵּן:	Jordan
בִּקְעַת הַיַּרְדֵּן	Jordan Valley
כַּדּוּר	ball
לְאַחַר	*prep.*, after
לָן	to spend the night
מְאֻחָד, מאוחד	united
מַדִּים	*pl.*, uniform
מַדֵּי	*bd. form*
מִדְבָּר:	desert,wilderness
מִדְבַּר יְהוּדָה	Judean desert
מִזְוָדָה, מזוודה	suitcase
מִיָּד	immediately
מֶלַח: יַם הַמֶּלַח	Dead Sea
מְפֻרְסָם, מפורסם	*m.*, famous
מְפֻרְסֶמֶת, מפורסמת	*f.*, famous
מֻצְלָח, מוצלח	successful
מֻקְדָּם, מוקדם	early
מַקְסִים	enchanting
מַרְאֶה	sight
מִשְׁטָרָה	police
נִגַּשׁ	to approach, go to
נוֹף	scenery
נָח	to rest
נִלְחַם	to fight
נִסְתַּיְּמָה	*f.sg.*, ended
נִפְתְּחָה	*f.sg.*, opened
נִשְׁתַּזֵּף	we will tan
עֲרָבִי	Arab
פִּיקְנִיק	picnic
פִּקַּח	to supervise
צָפָה	to view
קְבוּצָה	group
שָׁב	return

שׁוֹטֵר	policeman	שֶׁטַח	area
שָׂחָה	to swim	שְׁיָרָה, שיירה	convoy
שִׁחְרֵר, שיחרר	to free, liberate	שֶׁמֶשׁ	sun

Expressions

ביה"ס	school *abbrev.* בֵּית הַסֵּפֶר	מִלְחֶמֶת הָעַצְמָאוּת	War of Independence
בֵּית מָלוֹן	hotel	מִלְחֶמֶת שֵׁשֶׁת הַיָּמִים	the Six-Day War
בִּמְהִירוּת	quickly	עִיר הַבִּירָה	capital city
לְאַחַר מִכֵּן	afterwards	עפ"י	according to *abbrev.* עַל פִּי
לַמַּתְחִיל	*newspaper*, "To the beginner"	צְבָא הֲגַנָּה לְיִשְׂרָאֵל	Israel Defence Force
לִפְנוֹת עֶרֶב	towards evening	צַהַ"ל	*abbreviation*

Grammar

1 *Binyan nif*

1 *Binyan nifᶜal* is characterized by the prefix -נִ. Its present stem follows the pattern -כְּתָב-, -פְתָּח-, -זְכָּר-, etc. It is conjugated in the present as follows:

אֲנִי	אַתָּה	הוּא	נִזְכָּר
	אַתְּ	הִיא	נִזְכֶּרֶת
אֲנַחְנוּ	אַתֶּם	הֵם	נִזְכָּרִים
	אַתֶּן	הֵן	נִזְכָּרוֹת

a *Binyan nifᶜal* frequently *(but by no means always)* represents the passive of the *qal:*

נִכְתָּב is written — נִשְׁלָח is sent

b *Binyan nifᶜal* may also have a reciprocal or intransitive sense:

נִלְחָם fights — נִפְגָּשׁ meets

נִפְתָּח opens — נִשְׁאָר remains

c *Binyan nifᶜal* frequently has an active meaning:

נִזְכָּר recalls — נִכְנָס enters — נִשְׁבָּע swears

d Note that in the formation of the present f.sg. of the *nif^c^al*, the stem undergoes the same vocalic changes as in the *qal* in an "irregular" verb.

שׁוֹלַחַת	sends	נִשְׁלַחַת	is sent
קוֹרֵאת	reads	נִקְרֵאת	is read

2 The past stem of *binyan nif^c^al* follows the pattern -כְּתַב-, -פְּתַח-, -זְכַּר-, -שְׁאַר-, etc. It differs from the present stem in that it has *pataḥ* instead of *qamaṣ*. It takes the prefix -נִ and, in the third conjugation, the regular suffixes. The past of נִזְכַּר, *recalled*, and נִשְׁאַר, *remained*, is:

	I recalled, etc.		*I remained, etc.*	
	Singular	*Plural*	*Singular*	*Plural*
1	נִזְכַּרְתִּי	נִזְכַּרְנוּ	נִשְׁאַרְתִּי	נִשְׁאַרְנוּ
2m	נִזְכַּרְתָּ	נִזְכַּרְתֶּם	נִשְׁאַרְתָּ	נִשְׁאַרְתֶּם
2f	נִזְכַּרְתְּ	נִזְכַּרְתֶּן	נִשְׁאַרְתְּ	נִשְׁאַרְתֶּן
3m	נִזְכַּר	נִזְכְּרוּ	נִשְׁאַר	נִשְׁאֲרוּ
3f	נִזְכְּרָה		נִשְׁאֲרָה	

Note that with the consonants א, ה, ח, and ע, the *shəva* becomes *ḥatef* in the 3f.sg. and 3pl. forms.

3 In Lesson 19, we noted the assimilation of the *nun* in the פ"נ *hif^c^il* and in the *qal* future of נָתַן. This assimilation occurs generally in the future of a *qal* פ"נ verb (*except* where the second root letter is a guttural, e.g. אֶנְהַג, תִּנְהַג, יִנְהַג, *will drive*). The future of נָסַע, *to travel*, is:

	Singular	*Plural*
1	אֶסַּע	נִסַּע
2m	תִּסַּע	תִּסְּעוּ
2f	תִּסְּעִי	
3m	יִסַּע	יִסְּעוּ
3f	תִּסַּע	

Feminine plural: תִּסַּעְנָה

The infinitive is לִנְסֹעַ.

4 The verb נִגַּשׁ, *to approach*, found in this lesson, is irregular. In the present and past tenses it is conjugated on the analogy of a פ"נ *nif^c^al* verb with the assimilation of the letter נ.

The future is formed on the analogy of a future *qal*, with the assimilation of the letter נ: אֶגַּשׁ, תִּגַּשׁ, תִּגְּשִׁי, אֶגַּשׁ, etc. The present and past of נִגַּשׁ are:

Present

נִגָּשׁ	הוּא	אַתָּה	אֲנִי
נִגֶּשֶׁת	הִיא	אַתְּ	
נִגָּשִׁים	הֵם	אַתֶּם	אֲנַחְנוּ
נִגָּשׁוֹת	הֵן	אַתֶּן	

Past

	Singular	*Plural*
1	נִגַּשְׁתִּי	נִגַּשְׁנוּ
2m	נִגַּשְׁתָּ	נִגַּשְׁתֶּם
2f	נִגַּשְׁתְּ	נִגַּשְׁתֶּן
3m	נִגַּשׁ	נִגְּשׁוּ
3f	נִגְּשָׁה	

The infinitive is לָגֶשֶׁת. The unpointed spelling is: ניגש, ניגשת, etc.; ניגשתי, ניגשת, ניגש, etc.

5 The future of the third conjugation *hitpa^cel* is formed as follows:

	Singular	*Plural*
1	אֶתְלַבֵּשׁ	נִתְלַבֵּשׁ
2m	תִּתְלַבֵּשׁ	תִּתְלַבְּשׁוּ
2f	תִּתְלַבְּשִׁי	
3m	יִתְלַבֵּשׁ	יִתְלַבְּשׁוּ
3f	תִּתְלַבֵּשׁ	

Feminine plural: תִּתְלַבֵּשְׁנָה

6 The verbs דָּג, נָח, לָן, זָז, and שָׁב, encountered in this lesson, all belong to the second conjugation or ע"ו verbs. The *vāv* reappears in the future and infinitive forms: לָזוּז; אָשׁוּב, יָנוּחַ.

7 The verb אָרַז, *to pack*, is conjugated as follows in the future:

	Singular	*Plural*
1	אֶאֱרֹז	נֶאֱרֹז
2m	תֶּאֱרֹז	תַּאַרְזוּ
2f	תַּאַרְזִי	
3m	יֶאֱרֹז	יַאַרְזוּ
3f	תֶּאֱרֹז	

Feminine plural: תֶּאֱרֹזְנָה

Note the change in vowels in the 2f.sg. and 2 and 3pl. forms.

8 The verb שִׁחְרֵר belongs to the fourth conjugation and is conjugated like a *pi*^{c}*el* verb: מְשַׁחְרֵר, מְשַׁחְרְרִים; שִׁחְרַרְתִּי, אֲשַׁחְרֵר.

9 Repeated action in Hebrew is expressed by the past tense of הָיָה plus the בֵּינוֹנִי (*equiv.* present tense) of required verb.

הָיִינוּ נוֹסְעִים לִטְבֶרְיָה בְּכָל קַיִץ.	We used to go to Tiberias every summer.
פַּעַם בְּשָׁבוּעַ הִיא הָיְתָה מְבַקֶּרֶת אֵצֶל רוּת.	Once a week she would visit Ruth.

Exercises. Point the verbs to be supplied in the exercises on pages 31, 32, and 33 in *Sifron*.

LESSON 6

Vocabulary

אִינְפוֹרְמַצְיָה	information	הִקְשִׁיב	to pay attention
אָסוֹן, אֲסוֹנוֹת	disaster	הֲרֵי	indeed, after all
אַשְׁפָּה	garbage	הִשְׁפִּיעַ עַל	to influence
בִּגְלַל	because of	חִיּוּךְ	smile
בָּלַע	to swallow	חֶשְׁבּוֹן, חֶשְׁבּוֹנוֹת	reckoning, account
גֶ׳נְטֶלְמֶן	gentleman	יְשִׁיבָה	meeting
גַּפְרוּר	match	כַּעַס	anger
דּוֹמֶה	similar, alike	לֵב, לְבָבוֹת	*m.*, heart
דַּוְקָא	really, actually	מֻדְאָג, מֻדְאֶגֶת, מודאג	anxious, worried
דָּחַף	to push	מְנוּחָה	rest
הֶחֱזִיר	to return *(t.v.)*	נִכְנַס	to enter
הֵכִין	to prepare	נִקָּה, ניקה	to clean
הֶסְכֵּם	agreement	נִרְאֲתָה	she appeared
הֶעֱדִיף	to prefer	סִימָן	sign
הֵעִיר	to awaken	עַקְשָׁן, עַקְשָׁנִית	stubborn
הִפְרִיעַ	to disturb	עָרַךְ	to set

צָמֵא, צְמֵאָה	thirsty	רָצוֹן	will, wish
קוֹמוּנָה	commune	שִׁוְיוֹן	equality
קְנִיָּה	purchase	שָׁטַף	to wash (dishes)
קֻפְסָא, קֻפְסָאוֹת	box, pack	שִׁלְשׁוֹם	day before yesterday
קופסא	*unpointed*		
קַצֶּפֶת	whipped cream	שָׂמֵחַ, שְׂמֵחָה	happy
קָרָה	to happen	שְׁנֵינוּ	both of us
קֹשִׁי, קושי	difficulty	תּוֹר	*here,* turn
רַעַשׁ	noise	תּוֹרָנוּת	duty

Expressions

אֲרוּחָה בַּת שָׁלֹשׁ מָנוֹת three-course meal

בְּקֹשִׁי, בקושי	with difficulty	לְבַסּוֹף	at last, finally
בְּשׁוּם אֹפֶן	on no account	עַל פִּי	by, adapted from
הֵנָּה	here *(with verbs of motion)*	שׁוּם דָּבָר	anything *(used with negative)*

Grammar

1 The sounds *s* (ס,שׂ), *sh* (שׁ), *ṣ* (צ), and *z* (ז) are known as sibilants, the sounds made by hissing. When one of these letters is the first consonant of a root in a *hitpaᶜel* verb, it changes place with the *t* of the prefix in order to avoid the juncture of the sibilant and the *t*. This change of position is known as *metathesis*. Thus:

הִסְתַּדֵּר	to be arranged	*cf.*	סִדֵּר	to arrange
הִסְתַּבֵּר	to be reasonable	*cf.*	הִסְבִּיר	to explain
הִשְׁתַּלֵּם	to be worthwhile, to "pay"	*cf.*	שִׁלֵּם	to pay

When the first letter of the root is *z* (ז), a further change takes place, viz. the *t* (ת) changes to *d* (ד). (The unvoiced *t* assimilates to the voiced *z*. Cf. English *raised, passed.*)

הִזְדַּקֵּן	to grow old	*cf.*	זָקֵן	old
הִזְדַּמֵּן	to show up	*cf.*	הִזְמִין	to invite

Similarly, when the first letter of the root is *ṣ* (צ), originally an emphatic *s*, the *t* assimilates and becomes *ṭ*, originally an emphatic *t*.

הִצְטָרֵךְ	to have to	*cf.*	צָרִיךְ	must
הִצְטַעֵר	to be sorry	*cf.*	צַעַר	sorrow

2 The *hifᶜil* of the second conjugation has a stem on the pattern -בִין-, -כִין-, -עִיר-, etc. Since only two consonants appear in the stem of this conjugation, the prefix syllable is left open. Consequently its vowel is lengthened so that the prefix vowel is *ṣere* instead of *ḥiriq* in the past and *qamaṣ* instead of *pataḥ* in the future. In the past, of course, Philippi's Law applies.

	I prepared, etc.		*I shall prepare, etc.*	
	Singular	*Plural*	*Singular*	*Plural*
1	הֵכַנְתִּי	הֵכַנּוּ	אָכִין	נָכִין
2m	הֵכַנְתָּ	הֲכַנְתֶּם	תָּכִין	תָּכִינוּ
2f	הֵכַנְתְּ	הֲכַנְתֶּן	תָּכִינִי	
3m	הֵכִין	הֵכִינוּ	יָכִין	יָכִינוּ
3f	הֵכִינָה		תָּכִין	

Feminine plural: תָּכֵנָּה

a Note *carefully* the vowels of the prefixes in the present: *ṣere* in m.sg. and *shəva* in the other forms:

מֵכִין	הוּא	אַתָּה	אֲנִי
מְכִינָה	הִיא	אַתְּ	
מְכִינִים	הֵם	אַתֶּם	אֲנַחְנוּ
מְכִינוֹת	הֵן	אַתֶּן	

b The infinitive follows the pattern: לְהָכִין.

c Because הֵבִיא, *brought*, is a ל״א verb, it is slightly irregular in the past. It has *ṣere* in the stem instead of *pataḥ* before a suffix beginning with a consonant.

	Singular	Plural
1	הֵבֵאתִי	הֵבֵאנוּ
2m	הֵבֵאתָ	הֲבֵאתֶם
2f	הֵבֵאת	הֲבֵאתֶן
3m	הֵבִיא	
3f	הֵבִיאָה	הֵבִיאוּ

3 In *binyan nif'al*, as in *binyan hif'il*, the stem vowel becomes *sere* in ל"א verbs before a suffix beginning with a consonant. The past of נִמְצָא, *I was found*, etc., follows:

	Singular	Plural
1	נִמְצֵאתִי	נִמְצֵאנוּ
2m	נִמְצֵאתָ	נִמְצֵאתֶם
2f	נִמְצֵאת	נִמְצֵאתֶן
3m	נִמְצָא	
3f	נִמְצְאָה	נִמְצְאוּ

4 The interrogative, *how long*, generally does not require a preposition in the reply.

הָיִינוּ בְּחֵיפָה שְׁלֹשָׁה שְׁבוּעוֹת. We were in Haifa three weeks.

5 The interrogative, *for how long*, generally takes the preposition ל, *for*, in the reply.

יִסְעוּ לְאַנְגְּלִיָּה לְחָדְשַׁיִם. They will go to England for two months.

Exercises. Supply the appropriate prepositions in the exercise on page 40. Point the verbs to be supplied in the exercises on page 41.
Supplementary Exercise. Provide the proper form of the *hitpa'el*.

Example: אנחנו (צער) הִצְטַעַרְנוּ שלא כתבנו את המכתב.

1 מחר אתה (צרך) _____ לנסוע לתל-אביב בבוקר. 2 היו לנו הרבה

בעיות אבל הכל (סדר) _____. 3 איך אתה יכול לומר את זה? זה לא

(סבר) _____. 4 אולי אני (זמן) _____ לשם כאשר דני יבוא.

5 בקורס לעברית (שמש) _____ בספרים טובים. 6 בקיץ אוהבים ל(שזף)

_____ בשמש. 7 אנחנו (שתף) _____ בקונצרט אם יהיה לנו זמן.

106

LESSON 7

Vocabulary

אֵזוֹר	region, area	מוֹלֶדֶת	homeland
אֲחָדִים	a few, some	מוֹשָׁבָה	settlement
אָנִיָּה, אונייה	ship	מַסְפִּיק	enough
בָּהִיר	bright	מֶרְכָּזִי	central
גַּל, גַּלִּים	wave	נָמֵל	port
דְּמוּת, דְּמֻיּוֹת	image	פִיזִי	physical
הֻזְמְנוּ, הוזמנו	they were invited	פַּרְדֵּס	orchard
הִיסְטוֹרִי	historical	צַד, צְדָדִים	side
הֵיטֵב	*adv.*, well	קָבוּעַ	permanent
הִסְתַּדֵּר	to be settled	קָדַח	to be feverish
הִסְתָּרֵק	*i.v.*, to comb	קַדַּחַת	malaria
הִצְטַלֵּם	to be photographed	קוֹל	voice, sound
הִתְאָרֵס	to become engaged	רְאִי	mirror
הִתְבַּיֵּשׁ	to be ashamed	רֵיחַ, רֵיחוֹת	*m.*, fragrance
הִתְגַּלֵּחַ	*i.v.*, to shower	רָעֵב	to be hungry
הִתְקַדֵּם	to progress	רָעָב	hunger
הִתְקַלֵּחַ	*i.v.*, to shower	רֹשֶׁם, רושם	impression
הִתְרַגֵּל	to get used to	שְׁגִיאָה	error
הִתְרַגֵּשׁ	to become excited	שָׁכֵן	neighbour
טָעַם	to taste	שִׁכּוֹר, שִׁכְּרָה	drunk
טַעַם	taste	שָׁמַיִם	*pl.*, heavens
טִפֵּל ב	to look after	שׁוּעָל	fox
כַּלָּה	bride	תְּחִלָּה, תחילה	beginning
כֶּרֶם	vineyard	תִּינוֹק	*m.*, baby
לְהִשָּׁאֵר	*inf.*, to remain	תִּינֹקֶת	*f.*, baby

Expressions

בִּכְלָל	in general	קִבֵּל פְּנֵי *X*	to welcome X

Grammar

1 In 4:7 f., we discussed the addition of suffixes to the singular noun in order to indicate possession. For *plural* nouns, a different set of suffixes is used, the plural ending ִים- or the bound ending ֵי- being elided before the addition of these suffixes. You are already familiar with these suffixes since they are the ones employed in declining the prepositions אֶל (17:10), עַל (p.83), and others. Below is a list of the suffixes plus the declined forms of the noun, קִבּוּצִים, *kibbutzim*.

	Suffixes		*my kibbutzim, etc.*	
	Singular	*Plural*	*Singular*	*Plural*
1	ַי-	ֵינוּ-	קִבּוּצַי	קִבּוּצֵינוּ
2m	ֶיךָ-	ֵיכֶם-	קִבּוּצֶיךָ	קִבּוּצֵיכֶם
2f	ַיִךְ-	ֵיכֶן-	קִבּוּצַיִךְ	קִבּוּצֵיכֶן
3m	ָיו-	ֵיהֶם-	קִבּוּצָיו	קִבּוּצֵיהֶם
3f	ֶיהָ-	ֵיהֶן-	קִבּוּצֶיהָ	קִבּוּצֵיהֶן

Note that there is a *yod* in all these suffixes. Thus קבוצנו, *our kibbutz*, can be distinguished from קבוצינו, *our kibbutzim*. The unpointed form of קִבּוּצַי is קיבוציי; of קבוציך, קיבוצייך.

a Plural nouns ending in וֹת- retain this ending before the suffixes. *My libraries, etc.*, is:

	Singular	*Plural*
1	סִפְרִיּוֹתַי	סִפְרִיּוֹתֵינוּ
2m	סִפְרִיּוֹתֶיךָ	סִפְרִיּוֹתֵיכֶם
2f	סִפְרִיּוֹתַיִךְ	סִפְרִיּוֹתֵיכֶן
3m	סִפְרִיּוֹתָיו	סִפְרִיּוֹתֵיהֶם
3f	סִפְרִיּוֹתֶיהָ	סִפְרִיּוֹתֵיהֶן

b In the case of segolate nouns, the suffixes are attached to the free form, *except for the second and third persons plural where they are attached to the bound form.*

	Singular	*Plural*
1	סְפָרַי	סְפָרֵינוּ
2m	סְפָרֶיךָ	סִפְרֵיכֶם
2f	סְפָרַיִךְ	סִפְרֵיכֶן
3m	סְפָרָיו	סִפְרֵיהֶם
3f	סְפָרֶיהָ	סִפְרֵיהֶן

Note that nouns like דָּבָר, זָקֵן, etc. which have plural bound forms like the segolates (p.79) are declined in the same manner.

	Singular	*Plural*	*Singular*	*Plural*
1	דְּבָרַי	דְּבָרֵינוּ	זְקֵנַי	זְקֵנֵינוּ
2m	דְּבָרֶיךָ	דִּבְרֵיכֶם	זְקֵנֶיךָ	זִקְנֵיכֶם
2f	דְּבָרַיִךְ	דִּבְרֵיכֶן	זְקֵנַיִךְ	זִקְנֵיכֶן
3m	דְּבָרָיו	דִּבְרֵיהֶם	זְקֵנָיו	זִקְנֵיהֶם
3f	דְּבָרֶיהָ	דִּבְרֵיהֶן	זְקֵנֶיהָ	זִקְנֵיהֶן

c Feminine nouns related to the segolates (שִׂמְלָה, יַלְדָּה, etc.) attach the suffixes to the bound forms in *all* persons. The declension of יְלָדוֹת and שְׂמָלוֹת is:

	Singular	*Plural*	*Singular*	*Plural*
1	יַלְדוֹתַי	יַלְדוֹתֵינוּ	שִׂמְלוֹתַי	שִׂמְלוֹתֵינוּ
2m	יַלְדוֹתֶיךָ	יַלְדוֹתֵיכֶם	שִׂמְלוֹתֶיךָ	שִׂמְלוֹתֵיכֶם
2f	יַלְדוֹתַיִךְ	יַלְדוֹתֵיכֶן	שִׂמְלוֹתַיִךְ	שִׂמְלוֹתֵיכֶן
3m	יַלְדוֹתָיו	יַלְדוֹתֵיהֶם	שִׂמְלוֹתָיו	שִׂמְלוֹתֵיהֶם
3f	יַלְדוֹתֶיהָ	יַלְדוֹתֵיהֶן	שִׂמְלוֹתֶיהָ	שִׂמְלוֹתֵיהֶן

2 Some numbers in Hebrew add the suffixes -נוּ, -כֶם, -כֶן, -הֶם, -הֶן, -תָּם, and -תָּן to the bound forms of these numbers to express *two (both) of us, the three of you,* etc.

שְׁנֵיהֶם	שְׁנֵיכֶם	שְׁנֵינוּ	*(m.)* both of, etc.
שְׁתֵּיהֶן	שְׁתֵּיכֶן	שְׁתֵּינוּ	*(f.)* both of, etc.
שְׁלָשְׁתָּם-ן	שְׁלָשְׁתְּכֶם-ן	שְׁלָשְׁתֵּנוּ	three of, etc.
אַרְבַּעְתָּם-ן	אַרְבַּעְתְּכֶם-ן	אַרְבַּעְתֵּנוּ	four of, etc.

3 The suffix הָ- may be added to nouns and adverbs to indicate *motion towards*.

אֲחוֹרָה	backwards	יְרוּשָׁלַיְמָה	to Jerusalem
אַרְצָה	to the country	פְּנִימָה	inside
יָמִינָה	to the right	קָדִימָה	forward

Note that this suffix is *not* accented. The noun may or may not have the definite article, e.g. הַבַּיְתָה, *home;* הַחוּצָה, *outside.*

4 In the future *nifᶜal* the characteristic -נ prefix assimilates to the first letter of the root, so that, for example, אֶנְזָכֵר becomes אֶזָּכֵר. The future stem follows the pattern -זָּכֵר-, -כָּתֵב-, -לָּחֵם-, -שָּׁאֵר-, etc. with a *dagesh* in the first consonant. (For verbs with a guttural as first consonant, see 12:1f.) This stem takes the regular *qal* suffixes and prefixes in the third conjugation. The future of נִזְכַּר, *to recall,* is as follows:

	Singular	*Plural*
1	אֶזָּכֵר	נִזָּכֵר
2m	תִּזָּכֵר	תִּזָּכְרוּ
2f	תִּזָּכְרִי	
3m	יִזָּכֵר	יִזָּכְרוּ
3f	תִּזָּכֵר	

Feminine plural: תִּזָּכַרְנָה

Note that the *a*-vowel following the first consonant of the root is *long (qamaṣ)* and that there is a *dagesh* in the first root consonant. In this, the *nifᶜal* future is distinguished from that of the *piᶜel* where the *a*-vowel is short *(pataḥ)* and there is a *dagesh* in the *second* root consonant.

יְשַׁבֵּר	he will shatter	יְכַנֵּס	he will gather
יִשָּׁבֵר	it will be broken	יִכָּנֵס	he will enter

5 The infinitive of the third conjugation *nifᶜal* is formed with the prefix -ה (as in *hifᶜil* and in *hitpaᶜel*) plus the future stem.

לְהִזָּכֵר to recall   לְהִכָּתֵב to be written

6 In many expressions of comparison, the word מֵאֲשֶׁר is used to mean *than*.

יוֹתֵר חָשׁוּב לְהַקְשִׁיב מֵאֲשֶׁר לְדַבֵּר. It is more important to listen than to speak.

Exercises. Point the words to be supplied in the exercises on pages 46 and 47 in *Sifron*. Point the verbs to be supplied on page 48.

LESSON 8

Vocabulary

אוֹ	or	יִידִישׁ	Yiddish
אֵלּוּ	*pl.*, which	יְסוֹדִי	elementary
אֲקָדֵמָאִי	*adj.*, academic	כִּשָּׁרוֹן, כִּשְׁרוֹנוֹת	talent
בֵּינוֹנִי	average	לָשׁוֹן, לְשׁוֹנוֹת	*f.*, language
דִּבּוּר, דיבור	speech	לְשׁוֹנִי	*adj.*, linguistic
דַּרְכּוֹן	passport	מוּסִיקָלִי	musical
דְרָמָטִי	dramatic	מוֹסָד, מוֹסָדוֹת	*m.*, institution
הוֹפִיעַ	*i.v.*, to appear	מַזְכִּירָה	secretary
הוֹרָאָה	teaching	מַחְלָקָה	department
הַרְשָׁמָה	registration	מְחַק!	*m.*, cross out!
הִשְׁתַּתֵּף ב	to participate in	מְיֻתָּר, מיותר	unnecessary
הִתְאַפֵּר	*i.v.*, to make up	מַמְלִיץ	referee
הִתְקַבֵּל	to be accepted	מְנַהֵל	director
זְמַנִּי	temporary	מַרְצֶה	lecturer
חַלָּשׁ	weak	מְשַׂחֵק	*here*, acting
חֲתִימָה	signature	נִסָּיוֹן, נִסְיוֹנוֹת	*m.*, experience
יֶדַע	knowledge	נְתוּנִים	credentials

111

סִבָּה, סיבה	reason
סִפְרוּת	literature
עוֹרֵךְ	editor
קְרִיאָה	reading
קַרְיָן, -יָנִית	announcer
קַרְיָנוּת	announcing
רוֹמֵמָה	Romema, *section of Jerusalem*
רַוָּק, רווק	*m.*, unmarried
רַוָּקָה, רווקה	*f.*, unmarried
שִׁיר	song
תֹּאַר, תואר	degree
תַּאֲרִיךְ	date
תִּיכוֹן	high-school
תִּיכוֹנִי	secondary
תַּפְקִיד	position

Expressions

בּוֹגֵר אוּנִיבֶרְסִיטָה	B.A.
ב.א.	*abbreviation*
בְּעַל-פֶּה	orally
הַמַּשְׁבִּיר הַמֶּרְכָּזִי	name of department store
לִפְנֵי-כֵן	beforehand
מַחְלֶקֶת הַפִּרְסוּמִים	advertising department
מִשְׂרַד הַפְּנִים	Ministry of the Interior
תְּעוּדַת זֶהוּת	identity card

Grammar

1 In 2:2 of *Sifron B* we noted that פ״י verbs exhibit certain peculiarities in the *qal* future and infinitive. Most verbs of this class form their *hifʿil* on the pattern הוֹדִיעַ, הוֹרִיד, etc. This change from *yod* to *vav* in the prefix is absolutely uniform and consistent in every form.

הוֹרִיד	to let down	*cf.*	יָרַד	to go down
הוֹדִיעַ	to inform	*cf.*	יָדַע	to know
הוֹשִׁיב	to seat	*cf.*	יָשַׁב	to sit
הוֹצִיא	to take out	*cf.*	יָצָא	to go out

הוֹרַדְתִּי אֶת הַסְּפָרִים.	I took the books down.
נִצְטָרֵךְ לְהוֹדִיעַ לוֹ מִיָּד.	We must inform him at once.
תּוֹשִׁיב אֶת הַנָּשִׁים?	Will you seat the ladies?

הַמּוֹצִיא לֶחֶם מִן הָאָרֶץ.   He Who brings forth bread
from the earth.

a In the past, as in the "regular" hif^cil verb, Philippi's Law
is operative before suffixes beginning with a consonant.

	Singular	Plural
1	הוֹרַדְתִּי	הוֹרַדְנוּ
2m	הוֹרַדְתָּ	הוֹרַדְתֶּם
2f	הוֹרַדְתְּ	הוֹרַדְתֶּן
3m	הוֹרִיד	הוֹרִידוּ
3f	הוֹרִידָה	

b The present and future are as follows:

Present

			מוֹרִיד	הוּא	אַתָּה
		אֲנִי	מוֹרִידָה	הִיא	אַתְּ
			מוֹרִידִים	הֵם	אַתֶּם
		אֲנַחְנוּ	מוֹרִידוֹת	הֵן	אַתֶּן

Future

	Singular	Plural
1	אוֹרִיד	נוֹרִיד
2m	תּוֹרִיד	תּוֹרִידוּ
2f	תּוֹרִידִי	
3m	יוֹרִיד	יוֹרִידוּ
3f	תּוֹרִיד	
		תּוֹרֵדְנָה

c The infinitive follows the pattern: לְהוֹרִיד.

2 Because הוֹצִיא belongs to the classification ל"א as well as to
פ"י, it exhibits an additional peculiarity in the past tense
in that the stem vowel is $sere$ instead of $patah$. In this case,
the syllable remains open and no $dagesh$ appears in the tav of
the suffix.

	Singular	Plural
1	הוֹצֵאתִי	הוֹצֵאנוּ
2m	הוֹצֵאתָ	הוֹצֵאתֶם
2f	הוֹצֵאת	הוֹצֵאתֶן
3m	הוֹצִיא	הוֹצִיאוּ
3f	הוֹצִיאָה	

Note that as in the *qal* the *tav* loses its *dagesh* since it now follows an open syllable.

3 Note the characteristics which distinguish the second conjugation, third conjugation פ"נ, and third conjugation פ"י in the *hif^cil*, as illustrated with the verbs הֵשִׁיב, *to answer, to return;* הִשִּׁיב, *to cause to blow;* and הוֹשִׁיב, *to seat.*

	Past	*Present*	*Future*
2nd conj.	הֵשִׁיב	מֵשִׁיב	יָשִׁיב

Long *vowels* (ṣere, qamaṣ) *in prefix.*

3rd פ"נ	הִשִּׁיב	מַשִּׁיב	יַשִּׁיב

*Doubling of second root letter (*nun *assimilated).*

3rd פ"י	הוֹשִׁיב	מוֹשִׁיב	יוֹשִׁיב

Ḥolam *in prefix throughout.*

4 -בַּעַל (bound form) often translates English *owner, having (has), with, of,* etc.

גבי רוזֶן הִיא בַּעֲלַת הַבַּיִת שֶׁלִּי. Mrs. Rosen is my landlady.

הוּא בַּעַל כִּשָּׁרוֹן מוּסִיקָלִי. He has musical talent.

הַבַּחוּרוֹת בַּעֲלוֹת הַמְּתוּנִים הַמְּצֻיָּנִים The girls with the excellent credentials

Exercises. Point the words to be supplied in exercise on page 52. Point verbs to be supplied on pages 56 and 57 in *Sifron.* *Supplementary Exercise.* Provide the present, past, and future forms of the *hif^cil* verbs.

Example: הוא (ישב) מוֹשִׁיב, הוֹשִׁיב, יוֹשִׁיב אותו על-יד הדלת.

1 הוא (ידע) ________, ______, ________ על ההרצאות. 2 אני (יצא)
______, ______, ________ את כל הכסף מן הבנק. 3 אתם (ירד) ______,
______, ________ את הנעליים מן המדף. 4 את (ישב) ______, ______,
________ את הילדה הקטנה על הכיסא. 5 אנחנו (ידע) ______, ______,
______ להם על המסיבה אצלנו.

LESSON 9

Vocabulary

אֶבֶן, אֲבָנִים	*f.*, stone
אֶלְעָזָר בֶּן יָאִיר	Eleazar ben Yair
אֶלָּא	but *(used with negative)*
אֶלֶף	thousand
אָסַף	to gather
בָּחַר	to choose
בַּרְזֶל	iron
בָּרַח	to flee
גִּבּוֹר, גיבור	hero
גּוּפָה	corpse
גּוֹרָל	fate, lot
הִפִּיל	to cast
הָרַג	to kill, slay
הָרוּג	slain
הָרַס	to destroy
הִתְאַבֵּד	to kill oneself
הִתְחַבֵּא	*i.v.*, to hide
זְהִירוּת	caution, care
זֶפֶת	tar, pitch
יוֹסֵפוּס פְלָבִיוּס	Flavius Josephus
יָשָׁן	old *(opp. of* חָדָשׁ*)*
כְּ-	approximately
כָּבַשׁ	to conquer
לוֹחֵם	fighter
לִפֹּל, ליפול	*inf.*, to fall
מָוֶת	death
מוֹת	*bd. form*
מִבְצָר	fortress
מַחֲנֶה, מַחֲנוֹת	*m.*, camp
מְפַקֵּד	commander
מְצָדָה	Massada
מָרַד ב	to rebel
מֶרֶד	rebellion
מֵת	to die, be dead
	inf., לָמוּת
נִבְהַל	to be startled
נוֹחַ	convenient
נִכְשַׁל	*i.v.*, to fail
נִמְשַׁךְ	*i.v.*, to last
נִפְגַּע	to be stricken
נָפַל	to fall
נִפְצַע	to be wounded
נִרְשַׁם	*i.v.*, to register
נִשְׁבַּע	*i.v.* to swear
נֶשֶׁק	arms, weapons
סוֹלְלָה	rampart
סִינַי	Sinai
עֶבֶד	slave

עַבְדוּת	slavery	רֵפוֹרְמִי	reform
עֵץ, עֵצִים, עֲצֵי	tree, wood	רָתַח	*i.v.*, to boil
פַּרְעֹה	Pharaoh	שָׁפַךְ	to pour
צִנּוֹר, צִנּוֹרוֹת	*m.*, pipe, tube	שָׂרַף	to burn
קָבַע	to determine	תָּוֶךְ	middle, inside
רֹאשׁ	*here*, top	תּוֹךְ	*bd. form*
רוֹמָאִי	Roman		

Expressions

אַחֶרֶת	*adv.*, otherwise	לְאַט לְאַט	very slowly
בִּזְהִירוּת	carefully	מִלְחֶמֶת הָעוֹלָם הַשְּׁנִיָּה	Second World War
בְּנֵי מִשְׁפָּחָה	members of family	מִלְחֶמֶת הַשִּׁחְרוּר	War of Liberation
יָצָא בַּגּוֹרָל	to fall to one's lot		

Grammar

1 *Nifᶜal* third conjugation verbs which have roots beginning with א, ה, ח, or ע, have the prefix -נֶ in the past and present. Compare the prefix -הֶ of the past *hifᶜil* of these verbs (Lesson 1, *Sifron B*). The guttural letters themselves take a *ḥataf segol*. (In certain verbs with ח, the *shəva* is retained, e.g. נֶחְשַׁב.)

נֶאֱמַר	is said	נֶעֱזָר	is helped
נֶהֱרַג	was slain	נֶחְשַׁב	was thought

The full paradigms of נֶעֱזַר, *to be helped*, in the present and past are:

Present					*Past*	
					Singular	*Plural*
אֲנִי	אַתָּה	הוּא	נֶעֱזָר	1	נֶעֱזַרְתִּי	נֶעֱזַרְנוּ
	אַתְּ	הִיא	נֶעֱזֶרֶת	2m	נֶעֱזַרְתָּ	נֶעֱזַרְתֶּם
אֲנַחְנוּ	אַתֶּם	הֵם	נֶעֱזָרִים	2f	נֶעֱזַרְתְּ	נֶעֱזַרְתֶּן
	אַתֶּן	הֵן	נֶעֱזָרוֹת	3m	נֶעֱזַר	נֶעֶזְרוּ
				3f	נֶעֶזְרָה	

Note that there is a full *segol* in the third person feminine singular and the third person plural past with the first letter of the root, since the second letter of the root has *shəva*. In the future and infinitive, the prefixes are vocalized with *ṣere* instead of *ḥiriq*. This applies too to verbs having ר as first root letter. The future of נֶעֱזַר, *to be helped*, and נִרְשַׁם, *to register*, is:

	Singular	*Plural*	*Singular*	*Plural*
1	אֵעָזֵר	נֵעָזֵר	אֵרָשֵׁם	נֵרָשֵׁם
2m	תֵּעָזֵר	תֵּעָזְרוּ	תֵּרָשֵׁם	תֵּרָשְׁמוּ
2f	תֵּעָזְרִי		תֵּרָשְׁמִי	
3m	יֵעָזֵר	יֵעָזְרוּ	יֵרָשֵׁם	יֵרָשְׁמוּ
3f	תֵּעָזֵר		תֵּרָשֵׁם	
Feminine plural:		תֵּעָזַרְנָה		תֵּרָשַׁמְנָה
Infinitive:		לְהֵעָזֵר		לְהֵרָשֵׁם

Note that the unpointed forms are usually: איעזר, תיעזר, ייעזר, etc. and אירשם, תירשם, יירשם, etc.

2 We have noted the assimilation of the *nun* in the פ״נ *hifᶜil* and in the future of נָתַן and נָסַע. This assimilation of *nun* occurs in the future *qal* of נָפַל which follows the pattern of אֶפְעֹל verbs: אֶפֹּל, תִּפֹּל, תִּפְּלִי, יִפֹּל, תִּפֹּל, נִפֹּל, תִּפְּלוּ, יִפְּלוּ, תִּפֹּלְנָה*.

The infinitive לִפֹּל is formed on analogy with the future. The form לִנְפֹּל exists also.

Similar assimilation occurs in the *hifᶜil* of this root: הִפִּיל, *to cast, throw down.*

3 The verb הִתְחַבֵּא is conjugated as are other ל״א verbs in that the stem vowel is *ṣere:* הִתְחַבֵּאתִי, הִתְחַבֵּאתָ, הִתְחַבֵּאת, etc.

4 אָסַף, *to gather*, is conjugated like אָרַז in the future (5:7).

*Feminine plural form

5 Note the following construction:

אֵין כָּל דֶּרֶךְ לִבְרֹחַ. There is no way of escape.

6 The verb מֵת is a second conjugation verb but is somewhat irregular in the present and past.

Present

אֲנִי	אַתָּה	הוּא	מֵת
	אַתְּ	הִיא	מֵתָה
אֲנַחְנוּ	אַתֶּם	הֵם	מֵתִים
	אַתֶּן	הֵן	מֵתוֹת

Past

1	מַתִּי	מַתְנוּ
2m	מַתָּ	מַתֶּם
2f	מַתְּ	מַתֶּן
3m	מֵת	מֵתוּ
3f	מֵתָה	

The future has the same stem as the infinitive, מוּת-, and is perfectly regular in its conjugation.

Exercises. Point the verbs to be supplied in the exercises on pages 63 and 64 in *Sifron.*
Supplementary Exercises. Supply the appropriate form of the *nif'al* in past, present, and future. Point verb forms.

1 ההרשמה (ערך) ______ פה והסטודנטים (רשם) _________. 2 הבחורה (חשב) _______ ליפה ביותר בכיתה. 3 מה (אמר) ______ בישיבה אתמול?
4 בית המקדש (הרס) ______ בשנת 70 לספירה.

LESSON 10

Vocabulary

בִּטּוּחַ, ביטוח	insurance	הוֹצִיא	*here,* to spend
בִּטָּחוֹן	defence	הוֹדָעָה	announcement
בִּלּוּי, בילוי	entertainment	הַכְנָסָה	income
בְּרוּטוֹ	gross (income)	וַעַד	committee
דַּרְגָּה	rank	וָתִיק	senior, old-timer
דֵּעָה	opinion	וֶתֶק	seniority
הוֹצָאָה	expense	זֶהוּ	*m.,* this is

זוֹהִי	*f.*, this is
חֵלֶק	part
חָצֵר, חֲצֵרִים	*f.*, yard
חַשְׁמַל	electricity
יְסוֹד, יְסוֹדוֹת	*m.*, basis
יֹקֶר, יוקר	cost-of-living
כְּלִי, כֵּלִים	article, thing
לְאֻמִּי, לאומי	national
מָזוֹן, מְזוֹנוֹת	*m.*, food
מַחֲצִית	half
מַס, מִסִּים	tax
מָסַר	to report, give
מַשְׁכַּנְתָּא, -תָּאוֹת	mortgage
מַשְׂכֹּרֶת, -רוֹת	salary, wage
מִשְׂרָה	position
נוֹסָף	additional
נֶטוֹ	net (income)
נִכָּה, ניכה	to deduct
נִכּוּי, ניכוי	deduction
נֹפֶשׁ, נופש	recreation
סְבִיבָה	district
סִיּוּם	conclusion, end
סְנִיף	branch
סְתָם	mere, just
עֲבוּר	for
עֵרֶךְ	value, rate
פֶּנְסְיָה	pension
קֶרֶן, קְרָנוֹת	*f.*, fund
תּוֹסֶפֶת, -סָפוֹת	increment
תְּלוּשׁ	slip, stub
תִּקּוּן, תיקון	repair
תַּשְׁלוּם	payment

Expressions

וַעַד עוֹבְדִים	employees' committee
כּוּ׳	etc.
סה״כ	total *(abbreviation of:* סַךְ הַכֹּל*)*
עֵרֶךְ שָׁעָה	hourly rate
קֻפַּת חוֹלִים	Sick Fund
שְׁנוֹת וֶתֶק	years of seniority

Grammar

1 *The same* in Hebrew is expressed by אוֹתוֹ, אוֹתָהּ, אוֹתָם, אוֹתָן, followed usually by -הַ.

קָרָאתִי אוֹתוֹ הַסֵּפֶר. I read the same book.

אוֹתָהּ הַגְּבֶרֶת בָּאָה.	The same lady came.
אֵלֶּה אוֹתָם הַבָּתִּים?	Are they the same houses?
אוֹתָן הַבְּעָיוֹת מַפְרִיעוֹת לוֹ.	The same problems bother him.
but also: זֶה לֹא אוֹתוֹ דָּבָר.	It is not the same thing.
תֵּן לִי אוֹתוֹ דָּבָר עוֹד פַּעַם.	Give me the same thing again.

2 As in the third conjugation, the first conjugation *hitpa^c^el* has one stem throughout. It is similar to the present and future stem of the *pi^c^el:* -פַּנ-, -גַּל-, -כַּס-, etc.

a The present is conjugated as follows:

אֲנִי	אַתָּה	הוּא	מִתְכַּסֶּה
	אַתְּ	הִיא	מִתְכַּסָּה
		or	מִתְכַּסֵּית
אֲנַחְנוּ	אַתֶּם	הֵם	מִתְכַּסִּים
	אַתֶּן	הֵן	מִתְכַּסּוֹת

b In the past, the suffixes are those of first conjugation *hif^c^il* (p.76). The future has the regular first conjugation suffixes and the *hitpa^c^el* prefixes.

	I covered myself, etc.		*I shall cover myself, etc.*	
	Singular	*Plural*	*Singular*	*Plural*
1	הִתְכַּסֵּיתִי	הִתְכַּסֵּינוּ	אֶתְכַּסֶּה	נִתְכַּסֶּה
2m	הִתְכַּסֵּיתָ	הִתְכַּסֵּיתֶם	תִּתְכַּסֶּה	תִּתְכַּסּוּ
2f	הִתְכַּסֵּית	הִתְכַּסֵּיתֶן	תִּתְכַּסִּי	
3m	הִתְכַּסָּה	הִתְכַּסּוּ	יִתְכַּסֶּה	יִתְכַּסּוּ
3f	הִתְכַּסְּתָה		תִּתְכַּסֶּה	

Feminine plural: תִּתְכַּסֶּינָה

c The infinitive follows the pattern: לְהִתְכַּסּוֹת.

3 The verb הִשְׁתַּנָּה, *to change*, can be readily recognized as a first conjugation *hitpa^c^el*. Note the metathesis because of the sibilant ש: מִשְׁתַּנֶּה, מִשְׁתַּנֵּית, מִשְׁתַּנִּים, מִשְׁתַּנּוֹת; הִשְׁתַּנֵּיתִי, הִשְׁתַּנֵּיתָ, הִשְׁתַּנָּה, etc. אֶשְׁתַּנֶּה, תִּשְׁתַּנֶּה, etc.

4 Informal speech and writing employ the word לֹא to negate the past, present, and future tenses of the verb.

לֹא דִּבַּ֫רְתִּי.   I did not speak.

אֲנִי לֹא מְדַבֵּר.   I do not speak.

לֹא אֲדַבֵּר.   I shall not speak.

5 Formal speech and writing, however, require the use of אֵין with the *present* tense (*never* with the past and future). Note that אֵין *precedes* the *subject*.

אֵין אֲנִי מְדַבֵּר.   I do not speak.

אֵין הָאִישׁ נוֹסֵעַ.   The man does not travel.

אֵין הַבַּחוּרוֹת גָּרוֹת כָּאן.   The girls do not live here.

6 אֵין may take pronominal suffixes as follows:

	Singular	*Plural*
1	אֵינֶ֫נִּי, אֵינִי	אֵינֶ֫נּוּ
2m	אֵינְךָ	אֵינְכֶם
2f	אֵינֵךְ	אֵינְכֶן
3m	אֵינֶ֫נּוּ, אֵינוֹ	אֵינָם
3f	אֵינֶ֫נָּה, אֵינָהּ	אֵינָן

אֵינֶ֫נִּי חוֹשֵׁב שֶׁהוּא יֵלֵךְ.   I do not think that he will go.

אֵינָהּ בַּבַּ֫יִת עַכְשָׁו.   She is not at home now.

אֵינְךָ קוֹרֵא אֶת הָעִתּוֹן.   You do not read the newspaper.

7 A pronoun or noun subject may precede the suffixed form of אֵין.

הוּא אֵינוֹ נוֹסֵעַ הַיּוֹם.   He is not travelling today.

אֲנַ֫חְנוּ אֵינֶ֫נּוּ רוֹצִים לָקַ֫חַת אוֹתוֹ.   We do not want to take it.

הַסְּטוּדֶ֫נְטִית אֵינָהּ בָּאָה הַיּוֹם.   The student does not come today.

Exercises. Point the words to be supplied in the exercise on page 68 in *Sifron*. Point the verbs to be supplied in exercises on pages 69 and 70.
Supplementary Exercise #1. Change underlined verbs to past and future. Point all verbs.

Vocabulary

הִתְהַוָּה	to be brought into being
הִתְכַּסָּה	to cover oneself
הִתְפַּנָּה	to be free, at leisure
הִתְרָאוּ	to see one another
הִשְׁתַּנָּה	*i.v.*, to change
הִתְגַּלָּה	to be revealed, discovered

הודיעו ברדיו ש: 1 העיר מתכסית בשלג.
2 הגשם מתהוה על ידי *(by)* העננים.
3 אתם מתראים בבית של גבי לוי.
4 שמלות ערב שוב משתנות.
5 הסטודנטים מתפנים אחרי השיעורים.
6 כלים מענינים מתגלים בחפירות בעיר העתיקה.

Supplementary Exercise #2. Rewrite the following sentences using both (a) אֵין and (b) a suffixed form of אֵין.

Example: יצחק לא לומד באוניברסיטה. אֵין יצחק לומד באוניברסיטה.
יצחק אֵינֶנּוּ לומד באוניברסיטה.

1 אנחנו לא מדברים סינית. 2 הדודה שלה לא כותבת מכתבים. 3 אתה לא קם הבוקר? 4 המורה לא נראית טוב הבוקר. 5 הם לא אוכלים במסעדה.

LESSON 11

Vocabulary

אַהֲבָה	love	הֶאֱמִין	to believe, trust
אֵירוֹפִּי	European	חֲדָשׁוֹת	*f.*, news
אִכָּר	farmer	חִלֵּק, חילק	to distribute
אִלּוּ	if	חָסֵר	lack, miss
בַּטְלָן	loafer, idler	יִרְאָה	reverence
בַּכְיָן	cry-baby	כְּבוֹדוֹ	His honour
בְּרִיָּה	creature, human being	כּוֹרֵיאוֹגְרָף	choreographer

לַמְדָן	scholar	רַבִּי	Rabbi
מַדְעָן	scientist	רַקְדָן	dancer
נוֹחִיּוּת	convenience, comfort	שַׂחְקָן	actor
נִמּוּסִים	manners	שְׁטְרֶטִין	Stretyn
סָאסוֹב	Sasov	שֶׁלֶג	snow
סַקְרָן	curious person	שַׁקְרָן	liar
פַּחְדָן	scaredy-cat	שַׁתְיָן	drunkard, sot
צַדִּיק	righteous person	שָׁתַק	to be silent
צִעֵר	*t.v.*, to trouble	שַׁתְקָן	silent, reticent
צַעַר	trouble	תּוֹרָה	*here*, teaching
קַמְצָן	miser	תְּשׁוּבָה	answer

Expressions

בֵּית הַיַּיִן	bar, tavern
בְּנֵי אָדָם	mankind
שָׁעָה אֲרֻכָּה	for a long while

Grammar

1 We have previously encountered classes of verbs called first conjugation or ל״ה, second conjugation or ע״ו and ע״י, and third conjugation verbs which contain classes known as פ״י, פ״נ, or ל״א. Another class of verbs is the ע״ע, i.e. roots having identical second and third letters. These verbs exhibit certain peculiarities in their conjugation in various *binyanim*. Such a verb is הֵעֵז *(binyan hif^c il), to dare,* root עזז. Its present is conjugated as follows:

אֲנִי:	אַתָּה	הוּא	מֵעֵז
	אַתְּ	הִיא	מְעִזָּה
אֲנַחְנוּ:	אַתֶּם	הֵם	מְעִזִּים
	אַתֶּן	הֵן	מְעִזּוֹת

Note the spelling of unpointed forms: מעיזה, מעיזים, מעיזות.

The past and future of הֵעֵז are:

	Singular	*Plural*	*Singular*	*Plural*
1	הֵעַזְתִּי	הֵעַזְנוּ	אָעֵז	נָעֵז
2m	הֵעַזְתָּ	הַעַזְתֶּם	תָּעֵז	תָּעֵזּוּ
2f	הֵעַזְתְּ	הַעַזְתֶּן	תָּעֵזִּי	
3m	הֵעֵז	הֵעֵזּוּ	יָעֵז	יָעֵזּוּ
3f	הֵעֵזָּה		תָּעֵז	

Feminine plural: תָּעֵזְנָה

2 We have also learned the words הֵעִיר, *to awake (t.v.)*; הֵכִין, *to prepare (t.v.)*; קִיֵּם, *to fulfill*; דַּיָּר, *tenant*; רַכּוּת, *tenderness*, and סְבִיבָה, *vicinity*. These are all *qal*, *pi^{c}el* or *hif^{c}il* forms of ע"ו or 2nd conjugation verbs. In some of these roots the second consonant may be *reduplicated* on the patterns פּוֹלֵל *(polel)* and הִתְפּוֹלֵל *(hitpolel)*, thus providing another verb form as well as another meaning.

סוֹבֵב	*t.v.*, to turn	הִסְתּוֹבֵב	*i.v.*, to turn *(Sibilant metathesis)*
כּוֹנֵן	to set, establish	הִתְכּוֹנֵן	*i.v.*, to prepare *(Cf.* הֵכִין, to prepare*)*
עוֹרֵר	*t.v.*, to arouse, awake	הִתְעוֹרֵר	*i.v.*, to awake *(Cf.* הֵעִיר, to awake*)*
קוֹמֵם	to restore *(Cf.* הֵקִים, to raise	הִתְקוֹמֵם	*i.v.*, to resist, rise against

These verbs are conjugated like *pi^{c}el* and *hitpa^{c}el* verbs with the usual prefixes and suffixes.

a The *pi^{c}el (polel)* present is:

אֲנִי	אַתָּה	הוּא	מְכוֹנֵן
	אַתְּ	הִיא	מְכוֹנֶנֶת
אֲנַחְנוּ	אַתֶּם	הֵם	מְכוֹנְנִים
	אַתֶּן	הֵן	מְכוֹנְנוֹת

b The *pi^{c}el (polel)* past and future are:

	Singular	*Plural*	*Singular*	*Plural*
1	כּוֹנַנְתִּי	כּוֹנַנּוּ	אֲכוֹנֵן	נְכוֹנֵן
2m	כּוֹנַנְתָּ	כּוֹנַנְתֶּם	תְּכוֹנֵן	תְּכוֹנְנוּ
2f	כּוֹנַנְתְּ	כּוֹנַנְתֶּן	תְּכוֹנְנִי	
3m	כּוֹנֵן	כּוֹנְנוּ	יְכוֹנֵן	יְכוֹנְנוּ
3f	כּוֹנְנָה		תְּכוֹנֵן	
				תְּכוֹנַנָּה

c The *hitpa^{c}el (hitpolel)* present is conjugated:

אֲנִי	אַתָּה	הוּא	מִתְכּוֹנֵן
	אַתְּ	הִיא	מִתְכּוֹנֶנֶת
אֲנַחְנוּ	אַתֶּם	הֵם	מִתְכּוֹנְנִים
	אַתֶּן	הֵן	מִתְכּוֹנְנוֹת

d The *hitpa^{c}el (hitpolel)* past and future are:

	Singular	*Plural*	*Singular*	*Plural*
1	הִתְכּוֹנַנְתִּי	הִתְכּוֹנַנּוּ	אֶתְכּוֹנֵן	נִתְכּוֹנֵן
2m	הִתְכּוֹנַנְתָּ	הִתְכּוֹנַנְתֶּם	תִּתְכּוֹנֵן	תִּתְכּוֹנְנוּ
2f	הִתְכּוֹנַנְתְּ	הִתְכּוֹנַנְתֶּן	תִּתְכּוֹנְנִי	
3m	הִתְכּוֹנֵן	הִתְכּוֹנְנוּ	יִתְכּוֹנֵן	יִתְכּוֹנְנוּ
3f	הִתְכּוֹנְנָה		תִּתְכּוֹנֵן	
				תִּתְכּוֹנַנָּה

e The infinitives are לְכוֹנֵן and לְהִתְכּוֹנֵן.

3 In this lesson, we meet several nouns which follow the same pattern in formation: בַּכְיָן, לַמְדָן, פַּחְדָן, etc. This noun formation denotes a *profession* or a *distinctive characteristic*. The feminine singular ends in ־ִית, e.g. בַּכְיָנִית, *cry-baby;* סַפְרָנִית, *librarian.*

4 Note the following idiomatic constructions:

חֲסֵרָה לוֹ הַנּוֹחִיּוּת שֶׁל בֵּיתוֹ.	He misses the comforts of his home.
חֲסֵרִים לָהּ חֲבֵרִים בַּשְּׁכוּנָה הַחֲדָשָׁה.	She lacks friends in her new neighbourhood.

5 *Irreal conditions* (i.e. conditions which have not been, nor are likely to be, fulfilled) may be introduced by לוּ or אִלּוּ, *if*, followed by the *past tense*. The main clause contains the *past tense* of הָיָה *plus the participle* (*Heb.* בֵּינוֹנִי, equivalent to present tense) *of the required verb* agreeing in number and gender with its subject. In colloquial use, אִם with the same tense structure is quite common.

אִלּוּ שָׁאַלְתְּ אוֹתָהּ הָיְתָה עוֹזֶרֶת לָךְ.	If you had asked her, she would have helped you.

Note that the conditional mood may be expressed without the particles.

בִּמְקוֹמְךָ הָיִיתִי עוֹבֵד יוֹתֵר.	If I were you, I would work more.

6 The negative of אִלּוּ, לוּ, is לוּלֵא, אִלּוּלֵי, and אִלְמָלֵא.

לוּלֵא בָּאתָ הָיִינוּ גּוֹמְרִים אֶת עֲבוֹדָתֵנוּ.	Had you not come, we might have finished our work.

7 Note the following construction:

הֵם הִסְפִּיקוּ לִרְאוֹת אֶת הַכֹּל תּוֹךְ שָׁבוּעַ.	They managed to see everything in just one week.

Exercises. Point the words to be supplied in the exercises on pages 74 and 75 in *Sifron*.
Supplementary Exercise. Give the proper form of the *piᶜel (polel)* or *hitpaᶜel (hitpolel)*.

1 חנה לא יכולה לבוא מפני שהיא (כון) ________ לשיעורים.

2 השוטר אמר לו שהוא צריך (סבב) ________. 3 היה הרבה רעש בבית
והילדים (עור) ________. 4 היה מרד ביהודה והיהודים (קום) ________
נגד הרומאים. 5 אני (כון) ________ את שעוני לשבע כדי ל(עור)
________ את המשפחה בזמן.

LESSON 12

Vocabulary

אָבַד	to be lost	מְאֻשָּׁר, מְאֻשֶּׁרֶת	happy
אֹשֶׁר, אושר	happiness	מִסְכֵּן	unfortunate
הוֹמִיָּה	*f.*, beats	מֻפְלָא, מֻפְלָאָה	wonderful
חַיָּב, חַיֶּבֶת	is obligated	נֶהֱנָה מִן	to enjoy something
חָשׁ	to feel, sense	נִפְטַר מִן	to be rid of
טֶבַע	nature	נֶפֶשׁ	*f.*, soul
יְכֹלֶת, יכולת	ability	פְּסַנְתֵּר	piano
כְּפִי	like, as	פְּסַנְתְּרָן	pianist
לֵבָב, לְבָבוֹת	*m.*, heart	תְּנָאִים	conditions
לֵהָנוֹת מִן, ליהנות	*inf.*, to enjoy something	תְּנָאֵי	*bd. form*
לְהִפָּטֵר מִן, להיפטר	*inf.*, to be rid of of	תִּקְוָה	hope

Expressions

כל עוד	as long as	בִּרְצִינוּת	seriously

Grammar

1 The present and past of the first conjugation *nif^c al* is formed from the prefix -נִ, a stem on the pattern -בְּנ-, and the first conjugation *hitpa^c el* suffixes. The past and present of נִבְנָה, *to be built,* follow.

Present

נִבְנֶה	הוּא	אַתָּה	אֲנִי
נִבְנֵית	הִיא	אַתְּ	אֲנִי
נִבְנִים	הֵם	אַתֶּם	אֲנַחְנוּ
נִבְנוֹת	הֵן	אַתֶּן	אֲנַחְנוּ

Past

	Singular	*Plural*
1	נִבְנֵיתִי	נִבְנֵינוּ
2m	נִבְנֵיתָ	נִבְנֵיתֶם
2f	נִבְנֵית	נִבְנֵיתֶן
3m	נִבְנָה	נִבְנוּ
3f	נִבְנְתָה	

The future is formed from a stem on the pattern -בָּנ- (*note* dagesh ḥazaq!) plus the usual prefixes and suffixes.

	Singular	*Plural*
1	אֶבָּנֶה	נִבָּנֶה
2m	תִּבָּנֶה	תִּבָּנוּ
2f	תִּבָּנִי	
3m	יִבָּנֶה	יִבָּנוּ
3f	תִּבָּנֶה	

Feminine plural: תִּבָּנֶינָה

The infinitive follows the pattern: לְהִבָּנוֹת.

2 נִרְאֶה, *seem(s), appear(s), look(s), is seen,* is conjugated:

אֲנִי	אַתָּה	הוּא	נִרְאֶה
	אַתְּ	הִיא	נִרְאֵית
אֲנַחְנוּ	אַתֶּם	הֵם	נִרְאִים
	אַתֶּן	הֵן	נִרְאוֹת

The past is: נִרְאֵיתִי, נִרְאֵיתָ, נִרְאֵית, נִרְאָה, נִרְאֲתָה, etc.

3 Note the idiomatic use:

נִרְאֶה לִי שֶׁהוּא חוֹלֶה. It seems to me that he is ill.

נִרְאֶה לִי. It seems all right to me.

or: I approve.

4 The rules which we learned in Lesson 9 about *nifʿal* third conjugation verbs with א, ה, ח, or ע as first root letter apply to first conjugation verbs beginning with these consonants.

יֵעָשֶׂה it will be done   אֵרָאֶה I shall be seen

Note, however, that verbs with ע form an exception to this in the present and past. The paradigms of נַעֲשָׂה, *to be done, become,* are:

Present

נַעֲשֶׂה	הוּא	אַתָּה	אֲנִי
נַעֲשֵׂית	הִיא	אַתְּ	
נַעֲשִׂים	הֵם	אַתֶּם	אֲנַחְנוּ
נַעֲשׂוֹת	הֵן	אַתֶּן	

Past

	Singular	*Plural*
1	נַעֲשֵׂיתִי	נַעֲשֵׂינוּ
2m	נַעֲשֵׂיתָ	נַעֲשֵׂיתֶם
2f	נַעֲשֵׂית	נַעֲשֵׂיתֶן
3m	נַעֲשָׂה	נַעֲשׂוּ
3f	נֶעֶשְׂתָה	

Note the *segolim* in the 3f.sg. form.

5 The paradigms of נֶהֱנָה, *to enjoy*, are:

Present

נֶהֱנֶה	הוּא	אַתָּה	אֲנִי
נֶהֱנֵית	הִיא	אַתְּ	
נֶהֱנִים	הֵם	אַתֶּם	אֲנַחְנוּ
נֶהֱנוֹת	הֵן	אַתֶּן	

Past

	Singular	*Plural*
1	נֶהֱנֵיתִי	נֶהֱנֵינוּ
2m	נֶהֱנֵיתָ	נֶהֱנֵיתֶם
2f	נֶהֱנֵית	נֶהֱנֵיתֶן
3m	נֶהֱנָה	נֶהֱנוּ
3f	נֶהֶנְתָה	

The future is:

	Singular	*Plural*
1	אֵהָנֶה	נֵהָנֶה
2m	תֵּהָנֶה	תֵּהָנוּ
2f	תֵּהָנִי	
3m	יֵהָנֶה	יֵהָנוּ
3f	תֵּהָנֶה	תֵּהָנֶינָה

The infinitive is: לֵהָנוֹת.

In colloquial use, forms on the analogy of the *qal* future are found: אֶהֱנֶה, תֶּהֱנֶה, תֶּהֱנִי, etc.

6 As in the *hifʿil*, the נ of a פ״נ *nifʿal* verb is assimilated, but in the present and past only.

נִתָּן	is given	נִכַּר	was known

The future and infinitive are regular:

יִנָּתֵן	will be given	לְהִנָּתֵן	to be given

7 *Nifʿal* פ״י verbs have the prefix -נוֹ in the present and past. Compare the פ״י *hifʿil* (הוֹלִיד, *to father*) which has the prefixes -הוֹ, -מוֹ, -אוֹ, etc.

I am born, etc.

נוֹלָד	הוּא	אַתָּה	אֲנִי
נוֹלֶדֶת	הִיא	אַתְּ	
נוֹלָדִים	הֵם	אַתֶּם	אֲנַחְנוּ
נוֹלָדוֹת	הֵן	אַתֶּן	

I was born, etc.

	Singular	*Plural*
1	נוֹלַדְתִּי	נוֹלַדְנוּ
2m	נוֹלַדְתָּ	נוֹלַדְתֶּם
2f	נוֹלַדְתְּ	נוֹלַדְתֶּן
3m	נוֹלַד	נוֹלְדוּ
3f	נוֹלְדָה	

In the future and infinitive, the *yod* becomes a consonantal *vav*. The infinitive, *to be born*, is לְהִוָּלֵד. The future is:

	Singular	*Plural*
1	אִוָּלֵד	נִוָּלֵד
2m	תִּוָּלֵד	תִּוָּלְדוּ
2f	תִּוָּלְדִי	
3m	יִוָּלֵד	יִוָּלְדוּ
3f	תִּוָּלֵד	

Feminine plural: תִּוָּלַדְנָה

8 אָבַד, *to be lost*, is conjugated like אָכַל and אָמַר in the future (16:1).

Supplementary Exercise #1. Change the following sentences from active to passive.

Example: לֹא בָּנוּ את רומא ביום אחד. רומא לא נִבְנְתָה ביום אחד.

1 בונים שיכון חדש ברחובות. 2 קנינו שמלה ירוקה בחנות. 3 עשו עבודה

טובה בכיתה השנה. 4 ראיתי את חנה בקפטריה. 5 רואים הרבה סטודנטים באוניברסיטה. 6 שתו הרבה שאמפניה במסיבה.

Supplementary Exercise #2. Supply the appropriate form of the *nifal.*

1 א בשנה שעברה ______
ב השנה הכסף (נתן) ______ לאוניברסיטה.
ג בשנה הבאה ______

2 א אתמול ______
ב היום החלטת השגריר (ידע) ______ בעיתון.
ג מחר ______

3 א לפני שנתיים ______ הרבה ילדים בארצות הברית.
ב השנה (ילד) ______
ג בשנה הבאה ______

LESSON 13

Vocabulary

אַגָּדָתִי	legendary	לִוָּה, ליוה	to accompany
אִלֵּם, אילם	silent, dumb	מוֹתֵחַ	thrilling
אֱמֶת	truth	מְפֹאָר, מְפֹאֶרֶת	magnificent
בִּדּוּר, בידור	entertainment	מַצְלֵמָה	camera
בַּמַּאי	producer	מְשַׁעֲמֵם	boring
גָּאוֹן	genius	נִגּוּד	contrast
גְּאוֹנִי	brilliant	סוּבְּיֶקְטִיבִי	subjective
הוֹפָעָה	performance	סוֹד, סוֹדוֹת	*m.*, secret
הִלְהִיב	to enthuse	עָדִין	fine, delicate
הִצְחִיק	to amuse	עִירוֹנִי	urban
זוֹנָה	harlot	עֲלִילָה	epic, plot
יָצַר	to create	עֲלִילָתִי	*adj.*, epic
כִּשְׁרוֹנִי	talented	עִנְיֵן	to interest

פָּנִים	*f.pl.*, faces	רָגִישׁ	sensitive
פַּס	line, track	רִגֵּשׁ	to excite
צְבָאִי	*adj.*, military	רִתֵּק, ריתק	to enchant
צוֹפֶה	viewer	שִׁעֲמֵם	to bore
קִוָּה, קיוה	to hope	תֵּאוּר, תיאור	description
קְלָסִי	classical	תֵּאֵר, תיאר	to describe

Expressions

גַּם...גַּם	both...and
דֶּרֶךְ	by, through, via
כְּלוֹמַר	that is to say
לֹא רַק...אֶלָּא גַּם	not only...but also
עַד דְּמָעוֹת	to tears
פַּס קוֹל	sound track

Grammar

1 In Hebrew the forms of the present tense may also function as adjectives.

הַסֶּרֶט שִׁעֲמֵם אוֹתָנוּ.	The movie bored us.
הַסֶּרֶט הָיָה נוֹרָא מְשַׁעֲמֵם.	The movie was terribly boring.
הַסֵּפֶר הַזֶּה מְרַגֵּשׁ מְאֹד.	This book is very exciting.

2 Many adjectives in Hebrew are formed from nouns by adding ִי- or נִי-. These nouns will undergo vocalic changes when this suffix is added. Some of the adjectives formed from nouns are:

	צְבָאִי	military	*cf.*	צָבָא	army
	אֲמִתִּי	true	*cf.*	אֱמֶת	truth
	גְּאוֹנִי	brilliant	*cf.*	גָּאוֹן	genius
	כִּשְׁרוֹנִי	talented	*cf.*	כִּשָּׁרוֹן	talent
also:	גּוּפָנִי	physical	*cf.*	גּוּף	body

3 Feminine nouns ending in ָה *generally* change the ה to ת. These adjectives also undergo vocalic changes, and the form looks like the noun with the 1sg. suffix.

עֲלִילָתִי	epic	*cf.*	עֲלִילָה	plot, epic
שְׁנָתִי	annual	*cf.*	שָׁנָה	year
מִשְׁפַּחְתִּי	family	*cf.*	מִשְׁפָּחָה	family
אַגָּדָתִי	legendary	*cf.*	אַגָּדָה	legend

But note the following:

עִירוֹנִי	urban	*cf.*	עִיר	city
מוּסִיקָלִי	musical	*cf.*	מוּסִיקָה	music
רְפוּאִי	medical	*cf.*	רְפוּאָה	medicine

4 Note again the following constructions (4:9, *Sifron B*):

בְּנוֹ הַגָּדוֹל נָסַע לְרוֹמָא לִפְנֵי שָׁנָה.	His older son went to Rome last year.
דִּירָתָהּ הַחֲדָשָׁה שֶׁל הַמַּזְכִּירָה נִמְצֵאת בָּעִיר הָעַתִּיקָה.	The secretary's new apartment is in the Old City.

5 Note the lengthening of the *pataḥ* to *qamaṣ* in the present tense when the second root letter is א or ר as well as the absence of *dagesh*. In the past tense the *ḥiriq* with the first consonant is lengthened to *ṣere* always with ר but not necessarily so with א. The present and past of תֵּאֵר, *to describe*, are:

					Singular	*Plural*
מְתָאֵר	הוּא	אַתָּה	אֲנִי	*1*	תֵּאַרְתִּי	תֵּאַרְנוּ
מְתָאֶרֶת	הִיא	אַתְּ		*2m*	תֵּאַרְתָּ	תֵּאַרְתֶּם
מְתָאֲרִים	הֵם	אַתֶּם	אֲנַחְנוּ	*2f*	תֵּאַרְתְּ	תֵּאַרְתֶּן
מְתָאֲרוֹת	הֵן	אַתֶּן		*3m*	תֵּאֵר	תֵּאֲרוּ
				3f	תֵּאֲרָה	

The infinitive is לְתָאֵר, and the future, אֲתָאֵר, תְּתָאֵר, תְּתָאֲרִי, etc.

6 The verbs עִנְיֵן and שִׁעֲמֵם belong to the fourth conjugation and are conjugated like *pi῾el* verbs.

Exercises. Point the verbs in exercises in *Sifron*.

LESSON 14

Vocabulary

אָדָם	person, man	חִיֵּב	to obligate
אוּלְקוּס	ulcer	יָחִיד	only, sole
אֶזְרָח	citizen	יְשׁוּב, יישוב	settlement
אֵם	mother	מִינִיסְטֶר	minister
הוֹן	wealth, capital	מְלֻכְלָךְ, מלוכלך	dirty
הֵקִים	to establish	מִשְׁטָר	regime
הֵרִים	to raise	סַכָּנָה	danger
הִתְמַרְמְרוּת	bitterness	רֹב, רוב	*here*, plenty of
הִתְרַגְּשׁוּת	excitement	שֶׁטַח	area
זְכוּת, -וּיוֹת	privilege, right	תּוֹשָׁב	resident

Expressions

בְּכָל זֹאת	nevertheless
הַמִּזְרָח הַתִּיכוֹן	the Middle East
חוּץ מִן	except for
לְמַעְלָה	above
מִפִּי	from *(lit.* from mouth of*)*
מְשַׁלְּמֵי מִסִּים	taxpayers
נֹעַר חֲלוּצִי לוֹחֵם: נַחַ"ל	pioneering fighting youth, *abbrev.*
שְׂפַת אֵם	mother-tongue

Grammar

1 Relative clauses introduced by a preposition in English are expressed as follows:

הִיא יָשְׁבָה בַּחֶדֶר שֶׁבּוֹ הֵם שִׂחֲקוּ.	She sat in the room *in which* they played.

הָאֲרָצוֹת שֶׁאֲלֵיהֶן נָסַעְתִּי הָיוּ מְעַנְיְנוֹת.	The countries *to which* I travelled were interesting.
הָאִישׁ שֶׁמִּמֶּנּוּ קִבַּלְתִּי אֶת הַמִּכְתָּב לֹא הָיָה בַּבַּיִת.	The man *from whom* I received the letter was not home.

or: הִיא יָשְׁבָה בַּחֶדֶר שֶׁהֵם שִׂחֲקוּ בּוֹ.

הָאֲרָצוֹת שֶׁנָּסַעְתִּי אֲלֵיהֶן הָיוּ מְעַנְיְנוֹת.

הָאִישׁ שֶׁקִּבַּלְתִּי מִמֶּנּוּ אֶת הַמִּכְתָּב לֹא הָיָה בַּבַּיִת.

Note that it is possible to omit the relative, -שֶׁ, so that the above sentences may be expressed:

הִיא יָשְׁבָה בַּחֶדֶר בּוֹ הֵם שִׂחֲקוּ.

הָאֲרָצוֹת אֲלֵיהֶן נָסַעְתִּי הָיוּ מְעַנְיְנוֹת.

הָאִישׁ מִמֶּנּוּ קִבַּלְתִּי אֶת הַמִּכְתָּב לֹא הָיָה בַּבַּיִת.

2 Note the following constructions:

הַסְּטוּדֶנְט הַלּוֹמֵד בָּאֻלְפָּן בָּא מֵאֲמֶרִיקָה.	The student *who is studying* at the Ulpan comes from America.
הַבַּחוּרָה שֶׁבִּקְּרָה אֶצְלֵנוּ בָּאָה מֵאַרְגֶּנְטִינָה.	The girl *who visited* us comes from Argentina.
הַחֲבֵרִים שֶׁיַּעַזְרוּ לוֹ הֵם עוֹלִים חֲדָשִׁים.	The friends *who will help* him are immigrants.

3 זֶהוּ and זוֹהִי are contractions of זֶה הוּא and זוֹ הִיא respectively where הוּא, הִיא are the copula. In colloquial use, זֶהוּ, זוֹהִי, are also used as copula.

זֶהוּ רַעְיוֹן טוֹב.	This is a good idea.
זוֹהִי תֵּל אָבִיב.	This is Tel Aviv.

Exercises. Point the words and verbs to be supplied in the exercises in *Sifron*.
Supplementary Exercise. Provide the appropriate suffixed form of the noun.

1 אם אשלח אותם בדואר רשום, אני בודאי אקבל את (המכתבים שלך)
________. 2 לא יָשבו שם. אלה (המקומות שלנו) ________. 3 קראתי על
תקציב הממשלה (בעיתונים שלי) ________. 4 ראיתי באוטובוס את
(החברים שלה) ________. 5 (הילדים שלי) ________ שיחקו עם
(הילדות שלך) ________ ב(בית שלי) ________. 6 שמתי את

(המברקים שלכם) ________ ב(ארונות שלכם) ________. 7 (השמלות שלך)
________ חדשות? (הצבעים שלהן) ________ יפים. 8 כבר קראת את
(הספרים שלהם) ________? אם כן, תוכל לקחת את (הספרים שלי)
________. 9 (האזרחים שלנו) ________ מוכנים לעזור ל(מולדת שלנו)
________. 10 (המיסים שלהם) ________ הגבוהים ביותר ב(עולם שלנו)
________.

Review Exercise #1. Change the underlined verb to the future. Point verbs.

1 בני ישראל נסעו במדבר ארבעים שנה. 2 שתיתי הרבה יין ונפלתי מעל
הכיסא. 3 נסעתם לתל-אביב בכביש החדש? 4 במלחמת יהושע חומות יריחו
נפלו. 5 נסענו למצדה הבוקר.

Review Exercise #2. Change the following sentences to past and then to future. Point verbs.

Example: אני נוֹתֵן לו ספר. נָתַתִּי לו ספר. אֶתֵּן לו ספר.

1. אנחנו נותנים תרופה לחולים. 2 הוא לוקח את הספרים. 3 אתם
לוקחים את האוטובוס לחיפה. 4 היא לוקחת פרחים לחברים שלה. 5 אתה
נותן לנו אינפורמציה חשובה.

Review Exercise #3. Provide the present, past, and future *hifʿil* verb form of the root in parentheses.

1 הם (יצג) ________ סרט חדש בקולנוע "ציון". 2 אנחנו (נכר)
________ את הסטודנטים הקנדיים בירושלים. 3 אתה (נגע) ________
אל התחנה בזמן? 4 היא (יצע) ________ שניפגש בבית קפה הערב.
5 הוא (נשג) ________ את הספרים בספריה.

APPENDIX A

The Imperative

1 As you have noted from the dialogues in the *Sifron*, the second
person of the future tense is generally used to express the
imperative in conversational Hebrew.

תֵּשֵׁב. Sit down.

תְּשַׁלְמִי בְּעַד הַנַּעֲלַיִם. Pay for the shoes.

תֵּרָשְׁמוּ מִיָּד. Register immediately.

תַּזְמִין אֶת הָאֲרוּחָה עַכְשָׁו. Order dinner now.

2 A more formal way of expressing the imperative is to use the
infinitive with בְּבַקָּשָׁה or נָא, *please*. Thus the above sentences
may be expressed as follows:

נָא לְהַזְמִין אֶת הָאֲרוּחָה עַכְשָׁו. לָשֶׁבֶת.

בְּבַקָּשָׁה לְהֵרָשֵׁם מִיָּד. נָא לְשַׁלֵּם בְּעַד הַנַּעֲלַיִם.

3 In addition to the above two usages, Hebrew possesses an im-
perative form of the verb frequently used in speech and writ-
ing. The imperatives are closely related in structure to the
future tense and are thus very easily formed.

a *Binyan qal.* The basic principle in forming the *qal* imperative
is to drop the *tav* prefix from the second person future form.
First conjugation:

m.sg. קְנֵה *f.sg.* קְנִי *m.pl.* קְנוּ *f.pl.* קְנֶינָה

Note that the *segol* in m.sg. becomes *ṣere*.
Second conjugation:

m.sg. קוּם *f.sg.* קוּמִי *m.pl.* קוּמוּ *f.pl.* קֹמְנָה

Third conjugation, אֶפְעֹל:

m.sg. כְּתֹב *f.sg.* כִּתְבִי *m.pl.* כִּתְבוּ *f.pl.* כְּתֹבְנָה

Since a word cannot begin with two *shəvas*, the first *shəva* be-
comes *ḥiriq* in f.sg. and m.pl.
Third conjugation, אֶפְעַל:

m.sg. לְבַשׁ *f.sg.* לִבְשִׁי *m.pl.* לִבְשׁוּ *f.pl.* לְבַשְׁנָה

Third conjugation, פ"י:

m.sg. שֵׁב *f.sg.* שְׁבִי *m.pl.* שְׁבוּ *f.pl.* שֵׁבְנָה

Third conjugation, פ"נ, אֶפְעֹל:

m.sg. נְפֹל *f.sg.* נִפְלִי *m.pl.* נִפְלוּ *f.pl.* נְפֹלְנָה

(However, פֹּל, פְּלִי, פְּלוּ, פֹּלְנָה are also possible.)

Third conjugation, פ"נ, אֶפְעַל:

m.sg. סַע *f.sg.* סְעִי *m.pl.* סְעוּ *f.pl.* סַעְנָה

b *Binyan pi*^{c}*el*. As in the *qal*, the *tav* prefix is dropped.
First conjugation:

m.sg. גַּלֵּה *f.sg.* גַּלִּי *m.pl.* גַּלּוּ *f.pl.* גַּלֶּינָה

Note the *ṣere* in m.sg. as in the *qal*.
Second conjugation, *polel*.

m.sg. קוֹמֵם *f.sg.* קוֹמְמִי *m.pl.* קוֹמְמוּ *f.pl.* קוֹמֵמְנָה

Third conjugation:

m.sg. דַּבֵּר *f.sg.* דַּבְּרִי *m.pl.* דַּבְּרוּ *f.pl.* דַּבֵּרְנָה

c *Binyan hif*^{c}*il*. The imperative is formed by replacing the *tav* prefix of the future with *he*. The m.sg. form also changes the *ḥiriq* to *ṣere*.
First conjugation:

m.sg. הַפְנֵה *f.sg.* הַפְנִי *m.pl.* הַפְנוּ *f.pl.* הַפְנֶינָה

Second conjugation:

m.sg. הָשֵׁב *f.sg.* הָשִׁיבִי *m.pl.* הָשִׁיבוּ *f.pl.* הָשֵׁבְנָה

Third conjugation:

m.sg. הַלְבֵּשׁ *f.sg.* הַלְבִּישִׁי *m.pl.* הַלְבִּישׁוּ *f.pl.* הַלְבֵּשְׁנָה

Third conjugation, פ"י:

m.sg. הוֹרֵד *f.sg.* הוֹרִידִי *m.pl.* הוֹרִידוּ *f.pl.* הוֹרֵדְנָה

Third conjugation, פ"נ:

m.sg. הַפֵּל *f.sg.* הַפִּילִי *m.pl.* הַפִּילוּ *f.pl.* הַפֵּלְנָה

d *Binyan hitpa*^{c}*el*. As in *hif*^{c}*il*, the *tav* is replaced by *he*.
First conjugation:

m.sg. הִתְפַּנֵּה *f.sg.* הִתְפַּנִּי *m.pl.* הִתְפַּנּוּ *f.pl.* הִתְפַּנֶּינָה

Note the *ṣere* in m.sg.

Second conjugation, *polel:*

m.sg. הִתְקוֹמֵם *f.sg.* הִתְקוֹמְמִי

m.pl. הִתְקוֹמְמוּ *f.pl.* הִתְקוֹמֵמְנָה

Third conjugation:

m.sg. הִתְלַבֵּשׁ *f.sg.* הִתְלַבְּשִׁי

m.pl. הִתְלַבְּשׁוּ *f.pl.* הִתְלַבֵּשְׁנָה

e *Binyan nif^cal*. Again, the *tav* is replaced by *he*.
First conjugation:

m.sg. הִפָּנֵה *f.sg.* הִפָּנִי *m.pl.* הִפָּנוּ *f.pl.* הִפָּנֶינָה

Note the *ṣere* in m.sg.
Third conjugation:

m.sg. הִשָּׁמֵר *f.sg.* הִשָּׁמְרִי *m.pl.* הִשָּׁמְרוּ *f.pl.* הִשָּׁמַרְנָה

f The negative imperative is expressed by אַל plus the second person *future:*

כְּתֹב. Write.

אַל תִּכְתֹּב! Do not write!

But: לֹא תִּכְתֹּב. You will not write.

Supplementary exercise. Supply the proper form of the imperative and point all verb forms.

1 יצחק, הגיע הזמן ללכת. בבקשה, (לוה)_______ את חנה לרכבת. 2 יש שמלות חדשות בחנות. בחורות, (קנה) _______ אותן. 3 רות, את מאחרת! (רוץ)_______ אל בית-הספר. 4 סטודנטים, (ישב)_______ בשקט עכשיו. 5 חנה באה הערב מירושלים. דוד, (הלך)_______ איתה לתיאטרון. 6 שנת הלימודים מתחילה. סטודנטים, (רשם-נפעל)_______ לקורסים. 7 רחל, קר בחוץ היום. (נשאר)_______ בבית. 8 הפרופסור בא הערב מחיפה. (חכה) _______ לו באולם. 9 שרה, (נסה) _______ לכתוב את המכתב היום. 10 חברים, יש הרבה דברים מעניינים ברחובות ירושלים. (טיל)_______ שם הערב לראות אותם. 11 מרים, רותי באה לאוניברסיטה מחו"ל. (דבר)_______ איתה אנגלית. 12 אין לו כסף. (לוה-הפעיל)_______ לו שתי לירות. 13 השעה מאוחרת. בבקשה, בחורות, (בוא)_______ את המזוודות מייד. 14 רחל הקטנה רעבה מאוד. מרים, (אכל)_______ אותה עכשיו. 15 הכיסא לא נראה יפה שם. משה, (עבר)_______ אותו לפינה הזאת. 16 מועד הבחינות מתקרב. סטודנטים, (כונן) _______

לבחינות. 17 המכונית מחכה. רחל, (לבש) ________ מייד. 18 פועלי
העולם,(אחד) ________! 19 הגשם יורד ואתה מצונן. (כסה) ________!
20 יש לך הרבה בעיות. (סדר) ________.

APPENDIX B

The Passive Voice

1 We have seen the equivalent of the English passive voice *(was written, is done, will be sold)* expressed in several ways.

a The *qal* passive participle:

הַבִּנְיָן סָגוּר בְּשַׁבָּת.	The building is closed on the Sabbath.
הַחֲדָרִים הָאֵלֶּה פְּנוּיִים.	These rooms are vacant.

b *Binyan nif^{c}al* frequently serves as the passive of *binyan qal*.

הַסֵּפֶר נִכְתַּב בְּעִבְרִית.	The book was written in Hebrew.
הַתָּכְנִית נִשְׁמְעָה בָּרַדְיוֹ.	The program was heard on the radio.
הַמִּכְתָּבִים הָאֵלֶּה יִקָּרְאוּ.	These letters will be read.

c *Binyan hitpa^{c}el* sometimes serves as the passive of certain *pi^{c}el* verbs:

אָנוּ מִתְכַּבְּדִים לְהַזְמִין אֶתְכֶם.	We are honoured to invite you.
הוּא יִתְקַבֵּל בָּאוּנִיבֶרְסִיטָה.	He will be accepted at the university.

d Very often a variant of *binyan hitpa^{c}el*, known as *nitpa^{c}el*, is employed. This is indistinguishable from *hitpa^{c}el* except that in the past tense a *nun* replaces the *he*. Thus one says:

הוּא נִתְקַבֵּל בָּאוּנִיבֶרְסִיטָה.	He was accepted at the university.
הַמְּגִלּוֹת נִתְגַּלּוּ בְּקוּמְרָאן.	The scrolls were discovered at Qumran.

2 In addition to the above, there exist in Hebrew two *binyanim*, *pu^{c}al* and *huf^{c}al*, which are the passive *binyanim* of *pi^{c}el* and *hif^{c}il* respectively. We have encountered such forms as מְאֻחָר, מְאֻחָד, מְבֻגָּר, and מְיֻחָד which are *pu^{c}al* present forms and מֻדְאָג, מֻכְרָח, מוּכָן and מֻתָּר which are *huf^{c}al* present forms. These two *binyanim* are used widely both in speech and writing in the

present tense. The past and future tenses are used less frequently in speech but are often employed in writing, especially in the third person.

הַלִּמּוּדִים סֻיְּמוּ בִּזְמַנָּם.	The studies were completed on time.
הַסֶּרֶט יֻצַּג הָעֶרֶב.	The film will be shown this evening.

a *Binyan pu*^{c}*al. Pu*^{c}*al,* like *pi*^{c}*el* and *hitpa*^{c}*el,* is characterized by doubling of the second root letter.
First conjugation. The first conjugation has a stem on the pattern -גֻּל-, -כֻּס-,-פֻּנ-. It takes first conjugation prefixes and suffixes throughout, with the past suffixes being those of first conjugation *hif*^{c}*il (ṣere)*. The verb כֻּסָּה, *to be covered,* is used in the following paradigms. The present is:

מְכֻסֶּה	הוּא	אַתָּה	אֲנִי
מְכֻסָּה	הִיא	אַתְּ	
מְכֻסִּים	הֵם	אַתֶּם	אֲנַחְנוּ
מְכֻסּוֹת	הֵן	אַתֶּן	

The past and future are:

	Singular	*Plural*	*Singular*	*Plural*
1	כֻּסֵּיתִי	כֻּסֵּינוּ	אֲכֻסֶּה	נְכֻסֶּה
2m	כֻּסֵּיתָ	כֻּסֵּיתֶם	תְּכֻסֶּה	תְּכֻסּוּ
2f	כֻּסֵּית	כֻּסֵּיתֶן	תְּכֻסִּי	
3m	כֻּסָּה	כֻּסּוּ	יְכֻסֶּה	יְכֻסּוּ
3f	כֻּסְּתָה		תְּכֻסֶּה	

Feminine plural: תְּכֻסֶּינָה

Third conjugation. The third conjugation stem follows the pattern -דֻּבַּר-, -גֻּדַּל-, etc. and takes the *pi*^{c}*el* prefixes and suffixes in all forms. The present of גֻּדַּל, *to be raised,* is:

מְגֻדָּל	הוּא	אַתָּה	אֲנִי
מְגֻדֶּלֶת	הִיא	אַתְּ	
מְגֻדָּלִים	הֵם	אַתֶּם	אֲנַחְנוּ
מְגֻדָּלוֹת	הֵן	אַתֶּן	

Note the long *qamaṣ* in the masculine singular form and the plural forms as in the *nifᶜal*.
The past and future are:

	Singular	*Plural*	*Singular*	*Plural*
1	גֻּדַּלְתִּי	גֻּדַּלְנוּ	אֲגֻדַּל	נְגֻדַּל
2m	גֻּדַּלְתָּ	גֻּדַּלְתֶּם	תְּגֻדַּל	תְּגֻדְּלוּ
2f	גֻּדַּלְתְּ	גֻּדַּלְתֶּן	תְּגֻדְּלִי	
3m	גֻּדַּל	גֻּדְּלוּ	יְגֻדַּל	יְגֻדְּלוּ
3f	גֻּדְּלָה		תְּגֻדַּל	

Feminine plural: תְּגֻדַּלְנָה

Note that in unpointed writing a *vav* is inserted between the first and second letters of the root: גודל, מגודל, יגודל.

b *Binyan hufᶜal*. *Hufᶜal* is characterized by a prefix containing the vowel *u* in the prefix: *mu-* in the present, *hu-* in the past, *ʾu-*, *tu-*, *yu-* in the future. This vowel *u* always *precedes* the stem. In pointed writing, the vowel *u* is represented by *qubbuṣ*. In unpointed script, a *vav* appears in the prefix: הופנה, מופנה, אופנה; הולבש, מולבש, אולבש.

First conjugation. The stem is the same as present *nifᶜal* and the suffixes are those of *nifᶜal*. The present of הֻפְנָה, *to be turned*, is:

אֲנִי	אַתָּה	הוּא	מֻפְנֶה
	אַתְּ	הִיא	מֻפְנֵית
אֲנַחְנוּ	אַתֶּם	הֵם	מֻפְנִים
	אַתֶּן	הֵן	מֻפְנוֹת

The past and future are:

	Singular	*Plural*	*Singular*	*Plural*
1	הֻפְנֵיתִי	הֻפְנֵינוּ	אֻפְנֶה	נֻפְנֶה
2m	הֻפְנֵיתָ	הֻפְנֵיתֶם	תֻּפְנֶה	תֻּפְנוּ
2f	הֻפְנֵית	הֻפְנֵיתֶן	תֻּפְנִי	
3m	הֻפְנָה	הֻפְנוּ	יֻפְנֶה	יֻפְנוּ
3f	הֻפְנְתָה		תֻּפְנֶה	

Feminine plural: תֻּפְנֶינָה

Second conjugation. The stem is that of present *qal* and the suffixes are those of *qal*. Note that in this conjugation a *vav* appears in the prefix even in *pointed* writing. The present of הוּבַן, *to be understood*, follows. There is again a *qamaṣ* in all forms except 2f.sg.

אֲנִי	אַתָּה	הוּא	מוּבָן
	אַתְּ	הִיא	מוּבֶנֶת
אֲנַחְנוּ	אַתֶּם	הֵם	מוּבָנִים
	אַתֶּן	הֵן	מוּבָנוֹת

The past and future are:

	Singular	*Plural*	*Singular*	*Plural*
1	הוּבַנְתִּי	הוּבַנּוּ	אוּבַן	נוּבַן
2m	הוּבַנְתָּ	הוּבַנְתֶּם	תּוּבַן	תּוּבְנוּ
2f	הוּבַנְתְּ	הוּבַנְתֶּן	תּוּבְנִי	
3m	הוּבַן	הוּבְנוּ	יוּבַן	יוּבְנוּ
3f	הוּבְנָה		תּוּבַן	
			Feminine plural:	תּוּבַנָּה

Third conjugation. The stem is that of present nif^{c}al in the present, of past nif^{c}al in the past and future. The conjugation of הֻלְבַּשׁ, *to be dressed*, in present, past, and future is:

אֲנִי	אַתָּה	הוּא	מְלֻבָּשׁ
	אַתְּ	הִיא	מְלֻבֶּשֶׁת
אֲנַחְנוּ	אַתֶּם	הֵם	מְלֻבָּשִׁים
	אַתֶּן	הֵן	מְלֻבָּשׁוֹת

	Singular	*Plural*	*Singular*	*Plural*
1	הֻלְבַּשְׁתִּי	הֻלְבַּשְׁנוּ	אֻלְבַּשׁ	נֻלְבַּשׁ
2m	הֻלְבַּשְׁתָּ	הֻלְבַּשְׁתֶּם	תֻּלְבַּשׁ	תֻּלְבְּשׁוּ
2f	הֻלְבַּשְׁתְּ	הֻלְבַּשְׁתֶּן	תֻּלְבְּשִׁי	
3m	הֻלְבַּשׁ	הֻלְבְּשׁוּ	יֻלְבַּשׁ	יֻלְבְּשׁוּ
3f	הֻלְבְּשָׁה		תֻּלְבַּשׁ	
			Feminine plural:	תֻּלְבַּשְׁנָה

In the *hufʿal* of a פ״נ verb, the *nun* is assimilated and the second root letter is doubled as in *hifʿil*. The present of הֻכַּר, *to be recognized, known,* is:

מֻכָּר	הוּא	אַתָּה	אֲנִי
מֻכֶּרֶת	הִיא	אַתְּ	
מֻכָּרִים	הֵם	אַתֶּם	אֲנַחְנוּ
מֻכָּרוֹת	הֵן	אַתֶּן	

The past and future are:

	Singular	*Plural*	*Singular*	*Plural*
1	הֻכַּרְתִּי	הֻכַּרְנוּ	אֻכַּר	נֻכַּר
2m	הֻכַּרְתָּ	הֻכַּרְתֶּם	תֻּכַּר	תֻּכְּרוּ
2f	הֻכַּרְתְּ	הֻכַּרְתֶּן	תֻּכְּרִי	
3m	הֻכַּר	הֻכְּרוּ	יֻכַּר	יֻכְּרוּ
3f	הֻכְּרָה		תֻּכַּר	

Feminine Plural: תֻּכַּרְנָה

Note the unpointed spellings: מוכר, הוכרתי, אוכר.
The *hufʿal* of a פ״י verb is indistinguishable from one of the second conjugation. The present of הוּרַד, *to be lowered,* is:

מוּרָד	הוּא	אַתָּה	אֲנִי
מוּרֶדֶת	הִיא	אַתְּ	
מוּרָדִים	הֵם	אַתֶּם	אֲנַחְנוּ
מוּרָדוֹת	הֵן	אַתֶּן	

The past and future are:

	Singular	*Plural*	*Singular*	*Plural*
1	הוּרַדְתִּי	הוּרַדְנוּ	אוּרַד	נוּרַד
2m	הוּרַדְתָּ	הוּרַדְתֶּם	תּוּרַד	תּוּרְדוּ
2f	הוּרַדְתְּ	הוּרַדְתֶּן	תּוּרְדִי	
3m	הוּרַד	הוּרְדוּ	יוּרַד	יוּרְדוּ
3f	הוּרְדָה		תּוּרַד	

Feminine plural: תּוּרַדְנָה

Exercise 1. Supply the appropriate form of the *pu^{c}al* verb. Rewrite each sentence in the present and future.

Example:

אחדו את ירושלים. ירושלים אחדה.
מאחדים את ירושלים. ירושלים מאחדת.
יאחדו את ירושלים. ירושלים תאחד.

1 ההסתדרות (כסה) ______ את הוצאות הנסיעה. הוצאות הנסיעה ______.
2 המלצרים (סדר) ______ את השולחנות. השולחנות ______. 3 הם (שלם)
______ את מחיר הבולים. מחיר הבולים ______. 4 הסטודנט (ציר) ______
קריקטורה של הפרופסור. קריקטורה של הפרופסור ______. 5 האיכרים
(גדל) ______ פרחים וירקות. פרחים וירקות ______.

Exercise 2. Supply the appropriate form of the *huf^{c}al*. Rewrite each sentence in the present and future. Point all verb forms.

Example:

הורידו את המכוניות מן האונייה. המכוניות הורדו.
מורידים את המכוניות מן האונייה. המכוניות מורדות.
יורידו את המכוניות מן האונייה. המכוניות תורדנה.

1 הציגו את הסרט בקולנוע. הסרט ________.
2 יצחק הזמין את חנה למסיבה בחדרו. חנה ________.
3 האומות המאוחדות הכתיבו את תנאי השלום. תנאי השלום ________.
4 הסטודנטים השאירו את מחברותיהם בארון. מחברותיהם ________.
5 הסטודנטים הבינו את הרצאת הפרופסור. הרצאת הפרופסור ________.
6 העובדים הקימו שיכונים חדשים בעיר. שיכונים חדשים ________.
7 הגישו אוכל מצויין במסיבה. אוכל מצויין ________.
8 אמא הלבישה את הילדים הקטנים. הילדים הקטנים ________.
9 הפילו את ראש הממשלה. ראש הממשלה ________.
10 התלמידים החזירו את הספרים לספרייה. הספרים ________.

APPENDIX C

Recognition of Verbal Forms in Unpointed Writing

Binyan	*Present*	*Past*	*Future*	*Infinitive*
Qal	פוקד	פקד	*יפקוד	לפקוד
Pi^{c}el	מפקד	פיקד	יפקד	לפקד
Hif^{c}il	מפקיד	הפקיד	יפקיד	להפקיד
Hitpa^{c}el	מתפקד	התפקד	יתפקד	להתפקד
Nif^{c}al	נפקד	נפקד	ייפקד	להיפקד
Pu^{c}al	מפוקד	פוקד	יפוקד	
Huf^{c}al	מופקד	הופקד	יופקד	

Note that in *huf^{c}al* the *vav* comes before the first root letter, while in *pu^{c}al* it is between the first and second root letters.

*אפעל verbs only.

APPENDIX D

The Verbal Noun

The verbal noun, roughly equivalent to English nouns of action
ending in -*ing*, may be formed directly from a verb.

1 In *qal*, the noun pattern is as follows:
Third conjugation.

כָּתַב	to write	כְּתִיבָה	writing
יָשַׁב	to sit	יְשִׁיבָה	session
עָמַד	to stand	עֲמִידָה	standing

Second conjugation.

טָס	to fly	טִיסָה	flight
רָץ	to run	רִיצָה	running
שָׁר	to sing	שִׁירָה	singing

First conjugation.

בָּנָה	to build	בְּנִיָּה	building
קָנָה	to buy	קְנִיָּה	purchase
עָלָה	to go up	עֲלִיָּה	immigration, rise

2 In *piᶜel*, the noun pattern is as follows:
Third conjugation.

בִּקֵּר	to visit	בִּקּוּר	visit
דִּבֵּר	to speak	דִּבּוּר	speech
סִדֵּר	to arrange	סִדּוּר	arrangement

First conjugation.

כִּסָּה	to cover	כִּסּוּי	covering
פִּנָּה	to free, evacuate	פִּנּוּי	evacuation
בִּלָּה	to have a good time	בִּלּוּי	entertainment

3 In *hif^cil*, the noun pattern is as follows:
Third conjugation.

הִזְמִין	to invite	הַזְמָנָה	invitation
הוֹרִיד	to lower	הוֹרָדָה	lowering
הִכִּיר	to know	הַכָּרָה	acquaintance

First conjugation.

הִלְוָה	to lend	הַלְוָאָה	loan
הִשְׁוָה	to compare	הַשְׁוָאָה	comparison
הוֹצִיא	to spend (money)	הוֹצָאָה	expense

4 *Hitpa^cel* verbal nouns end in -וּת:
Third conjugation.

הִתְכַּתֵּב	to correspond	הִתְכַּתְּבוּת	correspondence
הִסְתַּדֵּר	to get settled, organized	הִסְתַּדְּרוּת	organization
הִזְדַּמֵּן	to happen	הִזְדַּמְּנוּת	opportunity

First conjugation.

הִתְגַּלָּה	to be revealed	הִתְגַּלּוּת	revelation
הִשְׁתַּנָּה	to change	הִשְׁתַּנּוּת	change, alteration

Second conjugation (*Hitpolel*)

הִתְכּוֹנֵן	to prepare	הִתְכּוֹנְנוּת	preparation
הִתְקוֹמֵם	to rise up	הִתְקוֹמְמוּת	insurrection

5 The *nif^cal* verbal noun is based on the pattern נִפְעָלוּת but is very rare.

נִזְקַק	to be in need	נִזְקָקוּת	poverty

Exercise. Supply the appropriate verbal noun.

Example: התכנית מתחילה בתשע. ההתחלה בתשע.

1 קניתי הרבה דברים בחנות. שילמתי בעד ה_____ . 2 הם טסים לארץ

בשתים ורבע. ה_____ בשתים ורבע. 3 מתכתבים זה עם זה. ראיתי את

ה_____ שלהם. 4 הפרופסורים ישבו כל היום במשרד. היתה _____

ארוכה. הסטודנטים מתכוננים לבחינות. ה_____ חשובה.

148

APPENDIX E

Glossary of Terms in Instructions to Sifron Exercises

אוֹ	or
אוֹגֵד	copula
אוֹצָר:	treasury
אוֹצַר מִלִּים	vocabulary
אֲחָדוֹת	*f.pl.*, a few, some
אַחֲרוֹן	last
אַחֲרֵי (שֶׁ)	after, following
אֵינָן	*3f.pl.*, not
אֵלֶּה	*pl.*, these
אַלִיבִּי	alibi
אֱמֹר! אמור!	say!
אֶפְשָׁרִי	possible
אַקְטִיבִי	active
אֶת	*prep. before direct object*
אֶתְמוֹל	yesterday
בְּדֶרֶךְ כְּלָל	generally
בְּחַר!	choose!
בֵּינוֹנִי	participle, present tense
בִּנְיָן, בניין	*binyan* (11:2)
בָּסִיס	stem
בְּעַל פֶּה: בע"פ	orally
בְּעִקָּר, בעיקר	mainly
גּוּף	person
גְּרוֹנִי	guttural

דִּבּוּר, דיבור	speech
דַּבֵּר!	speak!
דָּבָר, דְּבָרִים	word, thing
דִּבְרֵי	*bd. fm.*
דֻּגְמָא, דֻּגְמָה	example
דֻּגְמָאוֹת, דוגמאות	examples
דִּיאָלוֹג	dialogue
דֵּעָה	opinion
דַּעְתְּךָ, דַּעְתֵּךְ	your opinion
ה	*definite article*
ה' הַיִּדּוּעַ	definite article
ה' הַיְּדִיעָה	definite article
הַבָּא, הַבָּאָה	the following
הֹוֶה, הווה	present tense
הוֹסֵף!	add!
הוֹרָאוֹת	instructions
הַיּוֹם	today
הַכְנֵס!	insert!
הַמְשֵׁךְ!	continue!
הֶמְשֵׁךְ	continuation
הַסְבֵּר!	explain!
הִסְתַּכֵּל!	look at!
הֶעָרָה	note, remark
הֲפֹךְ! הפוך!	change!, turn!

הַפְלָגָה	superlative
הִפְעִיל	*name of binyan*
הַרְבֵּה	many, much
הֶרְגֵּל	habit, custom
הַרְכֵּב!	compose!
הַשְׁאֵר!	*t.v.*, leave!
הַשְׁוָאָה	comparison
הַשְׁוֵה!	compare!
הַשְׁלֵם!	complete!
הִשְׁתַּמֵּשׁ בְּ!	use!
הַתְאֵם!	match!
הַתְחֵל!	begin!
הַתְחָלָה	beginning
הִתְפַּעֵל	*name of binyan*
וו' הַחִבּוּר, וו' החיבור	conjunctive *vav*
וכו': וְכֻלֵּהּ	etc.
זוּגִי	"in pairs"
זָכַר	to remember
זְכֹר! זכור!	remember!
זָכָר	masculine
זְמַן	tense
זִקָּה, זיקה	relation
חִבּוּר	composition
חִבּוּרִי	connecting
חַבֵּר!	compose!
חָדָשׁ	new
חִוּוּי, חיווי	declarative
חֲזֹר! חזור!	repeat!
חֲזָרָה:	review
תַּרְגִּילֵי חֲזָרָה	review exercises
חֵלֶק, חֲלָקִים	part
חֶלְקִי	*bd. fm.*
חָסֵר	missing
חֵפֶץ, חֲפָצִים	object, thing
חִפּוּשׂ	searching
חַפֵּשׂ!	look for!
טַבְלָה, טַבְלָא	table (of words)
טַבְלָאוֹת	*pl.*
טוּר	column
טֹפֶס, טופס	form
טֶקְסְט	text
יִדּוּעַ, יידוע	definiteness
יוֹתֵר	more
יָחִיד	singular
יָכֹל, יכול	able
יָשִׁיר	direct
כַּאֲשֶׁר	when
כַּוֵּן! כוון!	direct!
כָּךְ	thus, so
כִּנּוּי, כינוי:	pronoun
כִּנּוּי הַגּוּף	personal pronoun
כִּנּוּי מוּסָב	pronominal suffix
כִּנּוּי רוֹמֵז	demonstrative pronoun

כְּשֶׁ-	when
כְּתֹב! כתוב!	write!
כָּתוּב	written
כְּתִיב	spelling
לְהַטּוֹת	to decline
לְוַאי:	attributive
מִשְׁפְּטֵי לְוַאי	modifying clauses
לוֹמַר	to say
לְיַד	beside
לְמַטָּה	below
לְמַעְלָה	above
לְפִי	according to
לְפָנֶיךָ	before you
מַבָּע	expression
מַהֵן?	*f.pl.*, what are?
מוֹדָעָה	announcement
מוֹפִיעַ	appears
מִין	gender
מְכִילִים	*m.pl.*, contain
מַלֵּא!	supply!
מָלֵא	complete
מִלָּה, מִלִּים	word
מִלַּת, מִלּוֹת	*bd. fm.*
מִלַּת יַחַס	preposition
מִלַּת קִשּׁוּר	conjunction
מִלּוֹן, מילון	dictionary
מְסֻמָּן, מסומן	underlined
מִסְפָּר	number
מְצָא!	find!
מַצִּיעַ	suggest(s)
מָקוֹם: בִּמְקוֹם	in place of
מֻרְכָּב, מורכב	compound
מֻשָּׂא, מושא	object
מָשָׁל	example
מִשְׁפָּט, מִשְׁפָּטִים	sentence
מִשְׁפְּטֵי זְמַן	temporal clauses
מִשְׁתַּמְּשִׁים ב	*v.*, use
מִשְׁתַּנֶּה	changes
מַתְאִים	appropriate
מִתּוֹךְ	out of
נוֹשֵׂא	subject
נְטִיָּה, נטייה	declension
נָכוֹן	correct, proper
נִלְמְדוּ	were learned
נַסֵּה!	try!
נַסּוּ!	*pl.*, try!
נִפְעַל	*name of binyan*
נְקֵבָה	feminine
סִבָּה, סיבה:	cause, reason
מִשְׁפְּטֵי סִבָּה	causal sentences
סֵדֶר	order
סוֹגְרַיִם, סוגריים	parentheses
סַכֵּם!	summarize
סְמִיכוּת	bound structure

סִפּוּר, סיפור	story
סְתָמִי	indefinite
עָבָר	past tense
עַד	until
עַל-יַד	beside
עַל-פִּי	according to
עִם	with
עַמּוּד, עמ'	page
עֲנֵה!	answer!
עָקִיף	indirect
עָשִׂיתָ	you made
עָתִיד	future
פַּסִּיבִי, פאסיבי	passive
פָּעוּל	passive participle
פֹּעַל, פְּעָלִים	verb
פָּעֳלִי, פועלי	*bd. form*
פָּעַל	*name of binyan*
פִּעֵל, פיעל	*name of binyan*
פָּעֳלִי	verbal
פַּעַם:	time
הַפַּעַם	this time
פֵּרוּק, פירוק	taking apart
פִּרְסֹמֶת	advertising
פָּשׁוּט	simple
צִוּוּי, ציווי	imperative
צוּרָה	form
צִיּוּר	illustration

צֵרוּף, צירוף	combination
צֹרֶךְ, צורך	need
קְבוּצָה	group
קַו	line
קֶטַע	paragraph
קַל	*name of binyan*
קָצָר	short, brief
קְרָא!	read!
קָרָה	to happen
רְאֵה!	see!
רַבִּים, רַבּוֹת	plural
רֵאָלִי:	real
לֹא רֵאָלִי	irreal
רָצוּי	desirable
רָצוֹן	desire, wish
רְשִׁימָה	list
שֶׁ-	who, that
שְׁאַל!	ask!
שְׁאֵלָה, שְׁאֵלוֹת:	question, inter-
מִשְׁפְּטֵי שְׁאֵלָה	rogative sentences
שֶׁבָּהֶם	which
שַׁבֵּץ!	insert!
שׁוּב	again
שָׁוֶה	equal, identical
שׁוֹנֶה, שׁוֹנָה	different, various
שׁוֹנוֹת	miscellanea
שִׂיחָה	discussion

שִׂים לֵב!	pay attention!
שֶׁל	of
שְׁלִילָה	negation
שָׁלֵם	complete; *third conjugation verb*
שֵׁם, שֵׁמוֹת	noun
שֵׁם עֶצֶם	noun
שֵׁם פֹּעַל, פועל	infinitive
שֵׁם תֹּאַר, תואר	adjective
שִׁמּוּשׁ, שימוש	use, usage
שְׁמָנִי	nominal
שַׁנֵּה!	change!
שִׁנּוּי, שינוי	change
שִׁעוּר, שיעור	lesson
שַׁרְשֶׁרֶת	chain
תֵּאוּר, תֵּאוּרִים:	description
מִשְׁפְּטֵי תֵּאוּר	adverbial phrases
תּוֹצָאָה:	result
מִשְׁפְּטֵי תּוֹצָאָה	result clauses
תַּחְבִּיר	syntax
תְּחִלָּה, תחילה	beginning
תַּכְלִית:	purpose
מִשְׁפְּטֵי תַּכְלִית	purpose clauses
תֹּכֶן, תוכן	content
תָּכְנִית, תָּכְנִיּוֹת	plan
תָּמִיד	always
תְּנַאי	condition
תִּרְגּוּל, תירגול	practice
תִּרְגּוּם	translation
תַּרְגִּיל	exercises
תַּרְגֵּל!	practise!
תְּשׁוּבָה	answer
תְּשׁוּבוֹתֶיךָ	your answers

SELECTED SUBJECT INDEX

Cross-references are as follows:

0:2   Introduction, paragraph 2

A21:3   *Sifron la-Student A*, Lesson 21, paragraph 3

B5:7   *Sifron la-Student B*, Lesson 5, paragraph 7

abbreviations, 0:20
- with currency, A5:1
accent, 0:17; A3:1, 6:5, 9:5
adjectives, A3:1-3, 12:2,
  13:1-2, 20:5, 22:1; B11:4,
  13:1-3
adverbial phrases, A1:5, 3:5,
  4:4-5, 8:5, 10:3, 13:3-4,
  16:6; B4:1, 6:4-5
alphabet, 0:1-2, 5-10, 13, 16,
  19, 21
articles
- definite, A1:2, 3:3-4, 4:4,
  7:5, 9:3, 10:3, 11:1, 12:3,
  13:4, 20:6, 21:4; B7:3, 10:1,
  14:1
- indefinite, A1:1, 21:4
binyanim, A11:2
- *qal (pa*^{c}*al)*, A2:7, 9, 3:6,
  4:1-3, 5:6-7, 6:8-9, 7:1-2,
  7, 9:4-5, 10:1, 4, 11:2,
  14:1-3, 16:1-4, 17:7-8,
  19:4-5, 20:1-2; B2:2, 3:3,
  5:3, 4, 7, 9:4, 6, 12:8
- *pi*^{c}*el*, A2:7, 6:7, 11:3-5,
  17:8, 23:1-2, 23c:1; B13:5
- *polel*, B11:2
- *hif*^{c}*il*, A18:3-4, 19:1-3, 21:1,
  23b:1-2; B1:1-2, 2:3-4, 6:2,
  8:1-3, 9:1, 11:1
- *hitpa*^{c}*el*, B3:1-2, 5:5, 6:1,
  9:3, 10:2-3
- *hitpolel*, B11:2
- *nif*^{c}*al*, B4:2-3, 5:1-2, 6:3,
  7:4-5, 9:1-2, 12:1-6
bound structure, A21:4-6,
  23b:3-6; B4:7d, 7:1-2, 8:4
clauses
- causal, A23:3
- conditional, A15:5; B11:5-6
- interrogative, A17:6-7
- noun, A18:6
- purpose, A19:6

- relative, A18:6, 22:2;
  B14:1-2
- repeated action (frequentative),
  B5:9
- result, A23:4
- subordinate, A12:4, 17:2
- temporal, A20:3, 8
colours, 9:1
comparison, A20:5, 7
- superlative, A20:6
- with מֵאֲשֶׁר, B7:6
conjugation
- Hebrew names, B2:1
- first, A4:1, 14:1, 20:2,
  23b:1, *passim*
- second, A3:6, *passim*
- third, A2:7-8, 11, 3:6, 4:1-3,
  5:6-7, *passim*
- fourth, A17:9; B2:4, 5:8, 13:6
conjunctions (see also subordinate
  clauses), A1:6, 10:3, 12:4, 15:5,
  17:2, 6; B11:5-6
consonants, 0:1-2, 5-10, 13, 15,
  20; A1:2, 2:3, 3:6, 7:2, 9:5,
  11:3, 14:2, 20:2, *passim*
dagesh, 0:6, 10, 16; A1:2, 5,
  7:2, 9:5, 11:3, 13:1, 23:1;
  B3:1, 7:4, *passim*
dual ending, A12:1, 16:7, 23b:3c
gender, A2:1, 3:1, 18:5; B5:9,
  11:4
imperative, B2:7
infinitive, A4:2-3, 5:7-8, 6:7-8,
  8:3, 10:1, 4, 11:4, 16:2, 17:1,
  18:3, 23b:1d, 2; B2:2, 5:3-4,
  7:5, 11:2e, 7, 12:5-7
interrogatives, A3:5, 4:4, 5:2;
  B6:4-5
negative, A6:1, 16:5, 22:3-4;
  B9:5, 10:4-7, 11:6
nouns, A2:1-4, 10;5, 12:1; B11:3
- segolates, A6:5-6, 9:2, 10:2,
  23b:2i, j, k, l

אַבָּא	Dad	אֹזֶן, אָזְנַיִם	f., ear
אָבַד	to be lost	אֶזְרָח	citizen
אֲבָל	but	אָח, אַחִים	brother
אֶבֶן, אֲבָנִים	f., stone	אֶחָד, אַחַת	one
אַגָּדָה	legend	אֲחָדִים, אֲחָדוֹת	some, a few
אַגָּדָתִי	legendary	אָחוֹת, אֲחָיוֹת	sister
אֲגוֹרָה	agora	אֲחָיוֹת צִיּוֹן	Sisters of Zion
אַגְרֶסִיבִי	aggressive	אַחֵר, אַחֶרֶת	another
אַגְרֶסִיבִיּוּת	aggressiveness	אַחַר	prep., after
אִגֶּרֶת, אִגְּרוֹת	letter	אַחַר כָּךְ	afterwards
אָדוֹן	Mr., sir	אַחַר הַצָּהֳרַיִם	afternoon
אָדוֹן נִכְבָּד	Dear Sir	אַחֲרוֹן	last
א.נ.	abbreviation	אַחֲרֵי	prep., after
אֲדוֹנִי	sir	אַחֲרֵי כֵן	afterwards
אָדִיב	polite	לְאַחֲרֵי שֶׁ-	conj., after
אָדָם : בְּנֵי אָדָם	man; mankind	אַחֶרֶת	adv., otherwise
אָדֹם	red	אִי, אִיִּים	island
אֲדָמָה	earth, ground	אֵיזֶה, אֵיזוֹ	which
אָה	oh, ah	אִיטַלְקִי	Italian
אָהַב	to like, love	אֵילַת	Eilat
אַהֲבָה	love	אֵין	none
אֹהֶל	tent	אֵין דָּבָר	no matter
אוֹ	or	אִינְטֶלִיגֶנְטִי	intelligent
אוֹטוֹבּוּס	bus	אִינְטֶנְסִיבִי	intensive
אוּלַי	perhaps	אִינְפוֹרְמַצְיָה	information
אוּלְקוּס	ulcer	אֵיפֹה	where
אוּנִיבֶרְסִיטָאִי	adj., university	אֵירוֹפָּה	Europe
אוּנִיבֶרְסִיטָה	university	אֵירוֹפִּי	European
אוֹפְּטִימִיסְט	optimist	אִישׁ, אֲנָשִׁים	man, people
אוֹפֶּרָה	opera	אַךְ	but
אוֹרֵחַ, אוֹרַחַת	guest	אָכַל	to eat
אוֹת, אוֹתִיּוֹת	letter (script)	אֹכֶל	food
אֵזוֹר	region	אִכָּר	farmer

אֶל	to
אֶלָּא	but
אֵלֶּה, אֵלּוּ	these
אֱלֹהִים	God
אִלּוּ	if (only)
אָלִיבִּי	alibi
אֻלְפָּן	ulpan, intensive language school
אֵם, אִמָּהוֹת	mother
אִמָּא	Mom
אֻמָּה	nation
הָאֻמּוֹת הַמְּאֻחָדוֹת	United Nations
או״ם	U.N.
אָמַר	to say
אֲמֶרִיקָאִי	American
אֲמֶרִיקָה	America
אֲמֶרִיקָנִי	American
אֶמְצַע	middle
אֱמֶת	truth
בֶּאֱמֶת	truly, really
אַנְגְּלִית	English
אָסוֹן, אֲסוֹנוֹת	catastrophe
אָסוּר	forbidden
אֲסִימוֹן	coin, token
אָסַף	to gather
אַסְפִּירִין	aspirin
אֶסְפֶּרַנְטוֹ	Esperanto
אַף	nose
אֶפְשָׁר	possible
אִי אֶפְשָׁר	impossible
אֶצְבַּע, אֶצְבָּעוֹת	*f.*, finger
אֵצֶל	at, to, *chez*
אֲקָדֵמַאי	*adj.*, academic
אֲרוּחָה	meal
אֲרוּחָה בַּת שָׁלֹשׁ מָנוֹת	three-course meal
אֲרוּחַת בֹּקֶר	breakfast
אֲרוּחַת צָהֳרַיִם	lunch
אֲרוּחַת עֶרֶב	dinner, supper
אָרוֹן, אֲרוֹנוֹת	*m.*, closet
אַרְיֵה, אֲרָיוֹת	*m.*, lion
שַׁעַר הָאֲרָיוֹת	Lions' Gate
אָרֹךְ, אֲרֻכָּה	long
אַרְכֵיאוֹלוֹג	archaeologist
אַרְכֵיאוֹלוֹגְיָה	archaeology
אַרְכִיטֶקְטוּרָה	architecture
אֶרֶץ, אֲרָצוֹת	*f.*, country
אַרְצוֹת הַבְּרִית	United States
ארה״ב	U.S.
אִשָּׁה, נָשִׁים	woman, wife
אַשְׁפָּה	garbage, refuse
שַׁעַר הָאַשְׁפּוֹת	Dung Gate
אַשְׁקְלוֹן	Ashkelon
אֲשֶׁר	who, that
אֹשֶׁר	happiness
אֶתְמוֹל	yesterday
בְּ-	in, at, with
בָּא	to come
בְּבַקָּשָׁה	please
בּוֹא! בּוֹאִי!	come!
בּוֹגֵר	graduate
בֶּגֶד	clothing
בֶּגֶד יָם	bathing suit
בִּגְלַל	on account of
בַּד	cloth
בֶּדְוִי	Bedouin
בִּדּוּר	recreation
בָּהִיר	bright
בְּוַדַּאי	certainly, surely
בּוּל	stamp
בַּחוּץ	outside

בָּחוּר, בַּחוּרָה	young man, girl
בְּחִינָה	test, examination
בָּחַר	to choose
בָּטוּחַ	certain
בִּטּוּחַ	insurance
בֶּטַח	sure, certainly
בִּטָּחוֹן	defence, safety
בִּטֵּל	to cancel
בַּטְלָן	idler
בֶּטֶן	*f.*, stomach
בֵּין	among, between
בֵּינֵיהֶם	amongst themselves
בֵּינוֹנִי	average
בֵּיצָה, בֵּיצִים	*f.*, egg
בַּיִת, בָּתִּים	*m.*, house
בֵּית הַמִּקְדָּשׁ	Holy Temple
בֵּית חוֹלִים	hospital
בֵּית כְּנֶסֶת	synagogue
בֵּית מָלוֹן	hotel
בֵּית מִשְׁפָּט	court
בֵּית סֵפֶר: ביה"ס	school
בֵּית קָפֶה	cafe
בֵּית סֵפֶר תִּיכוֹן	high school
הַבַּיְתָה	*adv.*, home
בָּתֵּי קְבָרוֹת	cemeteries
בָּכָה	to cry
בַּכְיָן	cry-baby
בִּלָּה	to spend time
בִּלּוּי	entertainment
בְּלוֹנְדִּינִי	blond
בְּלִי	without
בָּלַע	to swallow
בֵּן, בָּנִים	son
בֶּן-דּוֹד	cousin
בְּנֵי-דוֹדִים	cousins
בָּנָה	to build
בְּעָיָה	problem
בַּעַל	husband, owner
בַּעֲלַת-בַּיִת	landlady
בְּצַלְאֵל	Bezalel
בַּקְבּוּק	bottle
בִּקּוּר	visit
בִּקֵּר	to visit
בֹּקֶר	morning
בִּקֵּשׁ	to ask, seek
בָּרָא	to create
בְּרוּטוֹ	gross income
בָּרוּךְ	blessed
בָּרוּךְ הַבָּא	welcome
בְּרָזִיל	Brazil
בְּרָזִילָאִי	Brazilian
בַּרְזֶל	iron
בָּרַח	to flee
בָּרִיא	healthy
בְּרִיָּה	creature
בְּרִית, בְּרִיתוֹת	covenant
בֵּרֵךְ	to bless
בְּרֵכָה	pool
בְּרֵרָה	choice
בִּשְׁבִיל	for, on behalf of
בִּשֵּׁל	to cook
בָּשָׂר	meat
בַּת, בָּנוֹת	daughter
בַּת-דּוֹדָ(ה)	cousin
גָּאוֹן	genius
גְּאוֹנִי	brilliant
גַּב	*n.*, back
גָּבוֹהַּ	tall
גְּבוּל, גְּבוּלוֹת	boundary

גִּבּוֹר	hero
גֶּבֶר	man
גְּבֶרֶת	lady, Miss, Mrs.
גב'	*abbreviation*
גָּדוֹל	large
גִּדּוּל	growth
גָּדַל	to grow
גִּדֵּל	to raise
גּוּלָשׁ	goulash
גּוּף	body
גּוּפָה	corpse
גּוֹרָל	lot, fate
יָצָא בַּגּוֹרָל	to fall to one's lot
גָּז	gas
גִּיחוֹן	Gihon
גִּיל	age
גַּל, גַּלִּים	*n.*, wave
גִּלָּה	to discover
גְּלוּיָה	postcard
גָּלִיל	Galilee
גַּלֶּרְיָה	gallery
גַּם	also
גַּם...גַּם	both...and
גָּמַר	to finish
גַּן	garden
גַּן יְלָדִים	kindergarten
ג'ֶנְטֶלְמֶן	gentleman
גַּפְרוּר	match
גָּר	to live
גְּרוּזְיָה	Georgia
גָּרוֹן, גְּרוֹנוֹת	*m.*, throat
גְּרָנָדָה	Granada
גֶּשֶׁם	rain
דֹּאַר	mail, post (office)
דֹּאַר אֲוִיר	airmail
דִּבּוּר	speech
דִּבֵּר	to speak
דָּבָר	word, thing
דָּג	to fish
דָּג	fish
דֶּגֶל	flag
דּוֹד	uncle
דּוֹדָה	aunt
דּוֹמֶה	like, similar
דַּוְקָא	really, just
דּוֹקְטוֹר, ד"ר	Dr., *title*
דָּחַף	to push
דַּי	enough
דִּיּוּק	exactness
בְּדִיּוּק	exactly
דִּיסְקוֹטֶק	discotheque
דַּיָּר, דַּיֶּרֶת	tenant
דִּירָה	apartment
דִּירָה בַּת שְׁלֹשָׁה חֲדָרִים	three-room apartment
דֶּלִיקָטֶס	gourmet
דֶּלֶת, דְּלָתוֹת	door
דֵּמוֹקְרַטְיָה	democracy
דְּמוּת, דְּמוּיוֹת	image
דִּמְעָה, דְּמָעוֹת	tear
דָּנִי	Danish
דֵּעָה	opinion
דַּקָּה	minute
דַּרְגָּה	level
דָּרוֹם	south
דָּרוֹמָה	southwards
דָּרוּשׁ	wanted
דֶּרֶךְ, דְּרָכִים	*f.*, way
בְּדֶרֶךְ כְּלָל	generally
דַּרְכּוֹן	passport
דְּרָמָטִי	dramatic

דָּתִי religious

הַ-, הָ-, הֶ- the

הַאִם *particle introducing a question*

הֶאֱמִין to believe

הַבָּא, הַבָּאָה the next

הִבְטִיחַ to promise

הַגְדָּרָה definition

הִגִּיד to tell

הִגִּיעַ to arrive

הוֹדָעָה announcement

הוֹלַנְדִּי Dutch

הוֹמִיָּה beats

הוֹן capital, wealth

הוֹפִיעַ to appear

הוֹפָעָה appearance

הוֹצָאָה expense

הוֹרָאָה instruction

הוֹרִים parents

הוֹרַי my parents

הִזְדַּמֵּן to chance, happen

הִזְדַּמְּנוּת opportunity

הִזְמִין to invite

הַזְמִינִי! *f.*, invite!

הֻזְמְנוּ were invited

הַזְמָנָה invitation

הֶחֱזִיק בְּ to hold on to

הֶחֱזִיר *i.v.*, to return

הֶחֱלִיט to decide

הָיָה to be

הִיסְטוֹרִי historical

הִיסְטוֹרְיָה history

הֵכִין to prepare

הִכִּיר to meet

הַכִּירוּ! *m.pl.*, invite!

הֲכָנָה preparation

הַכְנָסָה income

הֶכֵּרוּת acquaintance

הַלּוֹ hello *(phone)*

הִלְהִיב to enthuse

הִמְלִיץ עַל to recommend

הַמְלָצָה recommendation

הִמְשִׁיךְ to continue

הִנֵּה here is, are

הֵנָּה *adv.*, here

הֲנָחָה discount

הִסְבִּיר to explain

הַסְבִּירוּ! *m.pl.*, explain!

הִסְכִּים to agree

הֶסְכֵּם agreement

הִסְתַּבֵּר to be reasonable

הִסְתַּדֵּר to be organized

הִסְתַּגֵּל אֶל to adapt to

הִסְתַּכֵּל בְּ, עַל to look at

הִסְתָּרֵק *i.v.*, to comb

הֶעֱדִיף to prefer

הִפִּיל to throw, cast

הִפִּיל גּוֹרָל to cast lots

הִפְסִיק to stop

הַפְסָקָה intermission

הִפְרִיעַ לְ to disturb

הַצָּגָה performance

הִצְחִיק to amuse

הִצְטַלֵּם to be photographed

הִצְטַעֵר to be sorry

הִצְטָרֵךְ *i.v.*, to need

הִצִּיג to present

הִצִּיעַ to advise, suggest

הִצְלִיחַ to succeed, pass

הַצְלָחָה success

הֵקִים	to raise
הִקְשִׁיב	to pay attention
הַר	hill, mountain
הַר הַבַּיִת	Temple Mount
הַר הַזֵּיתִים	Mount of Olives
הַר הַצּוֹפִים	Mount Scopus
הֶרְאָה	to show
הַרְבֵּה	much, many
הָרַג	to kill
הָרוּג	slain
הִרְגִּישׁ	to feel
הִרְוִיחַ	to earn
הִרְחִיב	to expand
הֲרֵי	indeed, after all
הֵרִים	to raise
הָרַס	to destroy
הִרְעִישׁ	to make noise
הַרְצָאָה	lecture
הַרְשָׁמָה	registration
הִשְׁאִיר	*t.v.*, to leave
הִשְׁוָה	to compare
הֵשִׁיב	to answer
הִשִּׂיג	to reach, attain
הִשְׂכִּיר	to rent out
הַשְׂכָּלָה	education
הִשְׁפִּיעַ עַל	to influence
הִשְׁתַּגֵּעַ	to be crazy
הִשְׁתַּזֵּף	to become tanned
הִשְׁתַּלֵּם	to be worthwhile
הִשְׁתַּמֵּשׁ בְּ	to use
הִשְׁתַּנָּה	*i.v.*, change
הִשְׁתַּתֵּף בְּ	to participate in
הִתְאַבֵּד	to kill oneself
הִתְאַפֵּר	*i.v.*, to make up
הִתְאָרֵס	to get engaged
הִתְבַּיֵּשׁ	to be ashamed

הִתְגַּלֵּחַ	*i.v.*, to shave
הִתְגָּרֵשׁ מִן	*i.v.*, to divorce
הִתְוַכֵּחַ עִם	to argue
הִתְחַבֵּא	*i.v.*, to hide
הִתְחִיל	to begin
הַתְחָלָה	beginning
הִתְחַתֵּן עִם	to get married
הִתְיַקֵּר	to be expensive
הִתְכַּסָּה	to cover oneself
הִתְכַּתֵּב	to correspond
הִתְלַבֵּשׁ	to get dressed
הִתְמַרְמְרוּת	bitterness
הִתְעַמֵּל	*i.v.*, to exercise
הִתְפַּלֵּל	*i.v.*, to pray
הִתְקַבֵּל	to be accepted
הִתְקַדֵּם	to progress
הִתְקַלֵּחַ	*i.v.*, to shower
הִתְקָרֵב אֶל	to approach
הִתְרַגֵּל אֶל	to get used to
הִתְרַגֵּשׁ	to get excited
הִתְרַגְּשׁוּת	excitement
הִתְרַחֵץ	*i.v.*, to wash

-וְ	and
וַדַּאי	certainty
בְּוַדַּאי	certainly, sure
וֹודְקָה	vodka
וִיָּה דוֹלוֹרוֹזָה	Via Dolorosa
וִיסְקִי	whiskey
וַעַד	committee
וַעַד עוֹבְדִים	workers' committee
וָתִיק	old, experienced
וֶתֶק	seniority

זֶה, זֹאת	this
זֶה אֶת זוֹ	each other

זֶהוּ, זוֹהִי	this is
זֵהוּת	identity
תְּעוּדַת זֵהוּת	identity card
זָהִיר	careful
זְהִירוּת	caution
בִּזְהִירוּת	carefully
זוֹ	*f.*, this
זוּג, זוּגוֹת	*m.*, pair, couple
זוֹל	inexpensive
זוֹנָה	harlot
זָז	to move
זַיִת, זֵיתִים	*m.*, olive
זְכוּת, זְכֻיּוֹת	privilege
זָכַר	to remember
זְמַן	time
בִּזְמַן	on time
בִּזְמַן שֶׁ-	while, when
זְמַנִּי	temporary
זֶפֶת	pitch
זְרוֹעַ, זְרוֹעוֹת	*f.*, arm
זָרַק	to throw
חֲבִילָה	package
חֲבָל	too bad
חָבֵר, חֲבֵרָה	friend
חֶבְרָה	society
חַג, חַגִּים	holiday
חֶדֶר	room
חֲדַר אֹכֶל	dining-room
חָדָשׁ	new
חֹדֶשׁ, חֳדָשִׁים	month
חָדְשַׁיִם	two months
חֲדָשׁוֹת	news
חוּג	department
חוֹל	sand
חוֹלֶה	sick, ill

חוּם	brown
חוֹמָה	wall
חֻמּוּס	Oriental food
חוֹף	shore
חוּפְשָׁה	leave, vacation
חוּץ	outside, foreign
בַּחוּץ	outside
הַחוּצָה	*adv.*, outside
חוּץ לָאָרֶץ	abroad
חוּץ מִן	except for
חָזָק	strong
חָזַק	to be strong
חִזְקִיָּהוּ	Hezekiah
חַי, חַיָּה	living
חַיָּב, חַיֶּבֶת	is obligated
חָיָה	to live
חִיּוּךְ	smile
חַיָּל, חַיֶּלֶת	soldier
חַיִּים	*m.pl.*, life
חֵיפָה	Haifa
חִכָּה לְ	to wait for
חָכָם	clever, sage
חָכְמָה	wisdom
חָלָב	milk
חֲלוֹם, חֲלוֹמוֹת	*m.*, dream
חַלּוֹן, חַלּוֹנוֹת	*m.*, window
חַלּוֹן רַאֲוָה	display window
חָלוּק	smock
חֲלִיפָה	suit
חָלַם	to dream
חָלַץ	to remove *(shoes)*
חֻלְצָה	blouse, shirt
חִלֵּק	to distribute
חֵלֶק	part
חֹם	heat, fever
חַם	warm

חַם לְ	to be hot
חַמְסִין	heat wave
חֲנוּת, חֲנוּיוֹת	store
חֲנוּת בְּגָדִים	clothing store
חֲנוּת כֹּל בּוֹ	department store
חָסִיד	pious, Hasid
חָסֵר	miss, lack
חֲפִירָה	excavation
חִפֵּשׂ	to look for, seek
חֹפֶשׁ	vacation, holiday
חָפְשִׁי	free, liberal
חֵצִי	half
חֲצִי	*bd. fm.*, half
חָצֵר, חֲצֵרִים	*f.*, yard
חֹק, חֻקִּים	law
חֻקֵּי תְּנוּעָה	traffic laws
חֻרְבָּן	destruction
חֹרֶף	winter
חָשׁ	to feel, sense
חָשַׁב	to think
חֶשְׁבּוֹן, חֶשְׁבּוֹנוֹת	reckoning, account
חָשׁוּב	important
חֹשֶׁךְ	darkness
חַשְׁמַל	electricity
חֵשֶׁק	desire
חֲתֻנָּה	wedding
חֲתִיכָה	piece ; stunner *(slang)*

טֶבַע	nature
טְבֶרְיָה	Tiberias
טוֹב	good
טוֹב יוֹתֵר	better
טִיּוּל	hike, trip
טִיֵּל	to take a trip
טַיָּס	pilot
טֶכְנִיּוֹן	Technion

טֶלֶוִיזְיָה	television
טֶלֶפוֹן	telephone
טִלְפֵּן לְ	to telephone
טָעָה	to err
טָעִים	tasty
טָעַם	to taste
טַעַם	taste
טָעַן	to claim, maintain
טִפֵּל בְּ	to care for
טֹפֶס, טְפָסִים	form
טִפֵּשׁ, טִפְּשָׁה	silly, stupid
טַקְסִי, טַכְּסִי	taxi
טְרָגֶדְיָה	tragedy
טֵרָה סַנְטָה	Terra Sancta

יְבוּסִי	Jebusite
יָד, יָדַיִם	hand
יָדַע (לָדַעַת)	to know
יְדִיעָה	knowledge
יְדִיעוֹת אַחֲרוֹנוֹת	*name of newspaper*
יְהוּדָה	Judaea
יְהוּדִי, יְהוּדִיָּה	Jew, Jewess
יוֹם, יָמִים	day
יוֹם הוּלֶּדֶת	birthday
יָוָן	Greece
יְוָנִי	*adj.* Greek
יוֹסֵפוּס פְלַבְיוּס	Flavius Josephus

יוֹעֵץ	adviser
יוֹתֵר	more
יַחַד	together
יָחִיד	individual, only
יַיִן	wine
בֵּית הַיַּיִן	bar, tavern
יָכֹל	to be able, can
יְכֹלֶת	ability

יָלַד (לָלֶדֶת)	to give birth	יָשַׁב (לָשֶׁבֶת)	to sit
הוֹלִיד	to father	הוֹשִׁיב	to seat
יֶלֶד	boy	יִשּׁוּב	Yishuv (pre-1948 settlement in Israel)
יַלְדָּה	girl	יְשִׁיבָה	meeting
יַלְדוּת	youth	יָשָׁן	old (things)
יָם, יַמִּים	sea	יָשַׁן (לִישׁוֹן)	to sleep
יָם הַמֶּלַח	Dead Sea	יָשָׁר	straight
יָמִין	right	יִשְׂרָאֵל	Israel
יָמִין מֹשֶׁה	section of Jerusalem	יִשְׂרָאֵלִי	Israeli
יָמִינָה	to the right	-כְּ	like, as, about
יְסוֹד, יְסוֹדוֹת	basis	כָּאַב	to hurt
יְסוֹדִי	basic	כְּאֵב	pain
יַעַר, יְעָרוֹת	m., forest	כָּאֵלֶּה	like these
יָפֶה	nice, beautiful	כָּאן	here
יֹפִי!	great!	כַּאֲשֶׁר	when
יָצָא (לָצֵאת)	to go out	כָּבוֹד	honour
יִצֵּא	to export	בִּכְבוֹד רַב	sincerely
הוֹצִיא	to take out	כְּבוֹדוֹ	His honour
יָצַר	to create	כְּבִישׁ	road, highway
יִצֵּר	to produce	כְּבָר	already
יֶקִי	German Jew	כָּבַשׁ	to conquer
יַקִּירִי	my dear	כְּדַאי	worthwhile
יֹקֶר	expensiveness	כַּדּוּר	ball, pill
בְּיֹקֶר	adv., expensive	כְּדֵי	in order to
יָקָר	adj., expensive	כו'	(abbrev. of כָּלָה)
יָרֵא	to be afraid	כּוֹבַע, כּוֹבָעִים	hat
יִרְאָה	fear, awe	כּוֹס, כּוֹסוֹת	f., glass
יָרַד (לָרֶדֶת)	to go out	כּוֹרֵיאוֹגְרָף	choreographer
הוֹרִיד	to lower	כּוּרְסָה	armchair
יַרְדֵּן	Jordan	כָּזֶה, כָּזֹאת	like this
בִּקְעַת הַיַּרְדֵּן	Jordan Valley	כֹּחַ, כֹּחוֹת	f., power, force
יַרְדְּנִי	Jordanian	כָּחֹל	blue
יְרוּשָׁלַיִם	Jerusalem	כִּי	because, that
יָרֹק, יְרֻקָּה	green	הֲכִי	the most
יְרָקוֹת	pl., vegetables		
יֵשׁ	there is, are		

כִּיס	pocket
כָּךְ	so, thus
כׇּל כָּךְ	so much
כָּכָה	thus, so
כֹּל, כׇּל	all, every
כׇּל הַ-	the entire, whole
הַכֹּל	everything
בְּכׇל זֹאת	nevertheless
כֶּלֶב	dog
כַּלָּה	bride
כְּלוּם	nothing *(used with negative)*
כְּלוֹמַר	namely, viz.
כְּלִי, כֵּלִים	article, thing
כַּלְכָּלָה	economics
כְּלָל	total, whole
בִּכְלָל	in general
כְּלָלִי	general
כַּמָּה	how many; several
כְּמוֹ	like, as
כִּמְעַט	almost
כֵּן	yes, so
כְּנֶסֶת	assembly
הַכְּנֶסֶת	Israel Parliament
כַּנִּרְאֶה	apparently
כִּנֶּרֶת	Lake Kinneret
כִּסֵּא, כִּסְאוֹת	*m.*, chair
כֶּסֶף	money
כָּעַס עַל	to be angry at
כַּעַס	anger
כְּפִי	like, according to
כְּפָר	village
כַּרְטִיס	ticket
כֶּרֶם	vineyard
כְּשֶׁ-	when
כִּשָּׁרוֹן, כִּשְׁרוֹנוֹת	talent

כִּשְׁרוֹנִי	talented
כָּתַב	to write
כְּתֹב!	write!
כָּתוּב	it is written
כְּתֹבֶת, כְּתוֹבוֹת	address
כִּתָּה	class, classroom
כֹּתֶל	wall
הַכֹּתֶל הַמַּעֲרָבִי	the Western Wall
לְ-	to, for
לֹא	no, not
לֹא רַק...אֶלָּא גַּם	not only...but also
לְאַט לְאַט	slowly
לְאֻמִּי	national
לְאָן	where to
לֵב, לְבָבוֹת	*m.*, heart
לֵבָב, לְבָבוֹת	*m.*, heart
לָבַשׁ	to put on, wear
לֵדָה	birth
לְהִתְרָאוֹת	au revoir!
לִוָּה	to accompany
לוּחַ	*m.*, board
לוּחַ מוֹדָעוֹת	bulletin board
הַלּוּחַ הַכָּפוּל	advertising section
לוֹחֵם	fighter
לוֹמַר	to say
לָטִינִית	Latin
לִי	to me, I have
לַיְלָה, לֵילוֹת	*m.*, night
לִימוֹן	lemon
לִירָה	lira, pound
לִירָה יִשְׂרְאֵלִית	Israel pound
לִירֶטָה	Italian lira
לֵךְ! לְכִי! לְכוּ!	go!
לָכֵן	therefore

לִמֵּד to teach
לַמְדָן scholar
לָמָּה why, what for
לִמּוּדִים *pl. n.*, studies
לְמִי to whom
לְמַעְלָה up
לָן to spend the night
לְפִי according to
לְפִי דַּעְתִּי in my opinion
לִפְנֵי before
לִפְנֵי כֵן previously
לָקַח (לָקַחַת) to take
לָשׁוֹן, לְשׁוֹנוֹת *f.*, language, tongue
לְשׁוֹנִי linguistic

מִ-, מֵ- from
מְאֹד very
מֵאָה hundred, century
מֵאָז (שֶׁ-) since
מְאֻחָד united
מְאֻחָר late
מְאֻשָּׁר happy
מֵאַיִן where from
מְבֻגָּר mature
מִבְצָר fortress
מִגְדָּל tower
מֻדְאָג anxious, worried
מִדְבָּר desert
מִדְבַּר יְהוּדָה Judean Desert
מַדּוּעַ why
מַדִּים uniform
מְדִינָה state
מַדָּע, מַדָּעִים science
מַדְּעֵי הַמְּדִינָה political science
מַדְעָן scientist

מַדְרֵגָה scientist
מַה what
מְהִירוּת speed
בִּמְהִירוּת quickly, speedily
מַהֵר quickly
מִהֵר to hurry
מוֹדָעָה advertisement
מוֹדֶרְנִי modern
מוּזֵיאוֹן museum
מוּכָן, מוּכָנָה ready, prepared
מוֹכֵר salesman
מוֹכֶרֶת saleslady
מוּל opposite

מִמּוּל opposite side
מוֹלֶדֶת homeland
מוֹנִית taxi
מוֹסָד, מוֹסָדוֹת *m.*, institution
מוּסִיקָה music
מוּסִיקָלִי *adj.*, musical
מוֹרֶה *m.*, teacher
מוֹרָה *f.*, teacher
מוֹרִיָּה: הַר הַמּוֹרִיָּה Mt. Moriah
מוֹשָׁבָה settlement
מָוֶת death
מוֹת גִּבּוֹרִים heroes' death
מוֹתֵחַ thrilling
מֶזֶג mixture
מֶזֶג אֲוִיר temperature
מִזְוָדָה suitcase
מָזוֹן, מְזוֹנוֹת *m.*, food
מַזְכִּירָה secretary
מַזָּל luck, planet
מַזָּל טוֹב good luck
מִזְּמַן since long ago
מִזְרָח east

מִזְרָחִי	eastern
מַחְבֶּרֶת	notebook
מֵחָדָשׁ	anew
מִחוּץ לְ	outside of
מְחִיר	price
מַחְלָקָה: מַחְלֶקֶת הַפִּרְסוּמִים	advertising department
מַחֲנֶה, מַחֲנוֹת	*m.*, camp
מַחֲצִית	half
מְחַק!	stroke out!
מָחָר	tomorrow
מִטְבָּח	kitchen
מִטָּה	bed
מָטוֹס	airplane
מִי	who
מִיָּד	immediately
מְיֻחָד, מְיֻחֶדֶת	special
מַיִם	*pl.*, water
מִינִי	mini
מִינִימוּם	minimum
מִינִיסְטֶר	minister
מִיץ	juice
מִישֶׁהוּ, מִישֶׁהִי	somebody
מְיֻתָּר	redundant
מְכוֹנִית	automobile
מְכִירָה	sale
מַכֹּלֶת	grocery store
מִכְנָסַיִם	trousers
מָכַר	to sell
מֻכְרָח, מֻכְרָחָה	is compelled
מֻכְשָׁר	talented
מִכְתָּב	letter
מָלֵא, מְלֵאָה	full
מִלָּה, מִלִּים	word
מִלּוּאִים	*pl.*, reserves
מִלּוֹן	dictionary
מִלְחָמָה	war
מִלְחֶמֶת הָעוֹלָם הַשְּׁנִיָּה	Second World War
מִלְחֶמֶת הָעַצְמָאוּת	War of Independence
מִלְחֶמֶת הַשִּׁחְרוּר	War of Liberation
מִלְחֶמֶת שֵׁשֶׁת הַיָּמִים	Six-Day War
מָלַךְ	to rule over
מֶלֶךְ	king
מַלְכָּה	queen
מְלֻכְלָךְ	dirty
מֶלְצַר	waiter
מֶלְצָרִית	waitress
מַמְלִיץ	reference *(person)*
מַמָּשׁ	really, simply
מֶמְשָׁלָה	government
מִן	from
מְנַהֵל	director
מְנוּחָה	rest
מֶנְזָה	*name of cafeteria*
מִנְזָר	monastery
מֶנְטָלִיּוּת	mentality
מַס, מִסִּים	tax
מְסִבָּה	party
מִסָּבִיב	around
מִסְכֵּן	poor, unfortunate
מֻסְמָךְ	graduate
מֻסְמַךְ אוּנִיבֶרְסִיטָה	M.A.
מִסְעָדָה	restaurant
מַסְפִּיק	enough, sufficient
מִסְפָּר	number
מִסְפָּרָה	beauty salon
מָסַר	to hand over
מָסֹרֶת	tradition
מָסָרְתִּי	traditional
מְעַט	few, a little
מְעִיל	coat

מַעְיָן	spring *(of water)*
מֵעַל לְ	above
מַעֲלִית	elevator
מְעַנְיֵן, מְעַנְיֶנֶת	interesting
מְעֻנְיָן, מְעֻנְיֶנֶת	interested
מַעֲרָב	west
מַעֲרָבִי	western
מַעֲשֶׂה	deed
מְפֹאָר, מְפֹאֶרֶת	glorious
מַפָּה	map
מְפַחֵד	fears
מִפִּי	from
מֻפְלָא, מֻפְלָאָה	wonderful
מִפְּנֵי שֶׁ-	because
מִפְעָל	work, project
מִפְעֲלֵי מַיִם	water cisterns
מְפַקֵּד	commander
מְפֻרְסָם, מְפֻרְסֶמֶת	famous
מָצָא	to find
מָצָא חֵן בְּעֵינֵי	to please *(lit.* to find favour in eyes of*)*
מַצָּב	situation, status
מַצָּב מִשְׁפַּחְתִּי	marital status
מְצָדָה	Masada
מְצוּדָה	fortress, citadel
מְצֻיָּן, מְצֻיֶּנֶת	excellent
מִצְטַעֵר	is sorry
מְצִיאָה	bargain, find
מַצְלִיחַ, מַצְלִחַת	successful
מַצְלֵמָה	camera
מְצֻנָּן, מְצֻנֶּנֶת	has a cold
מֻקְדָּם	early
מָקוֹם, מְקוֹמוֹת	*m.,* place
בִּמְקוֹם	in place of
מִקְלַחַת	shower
מַקְסִי	maxi

מַקְסִים	enchanting
מֶקְסִיקָאִי	Mexican
מֶקְסִיקָנִי	Mexican
מִקְצוֹעַ, מִקְצוֹעוֹת	*m.,* profession
מְקָרֵר	refrigerator
מַרְאֶה	sight
מַרְגִּישׁ, מַרְגִּישָׁה	feels
מָרַד בְּ	to rebel
מֶרֶד	rebellion
מְרֻהָט, מְרֻהֶטֶת	furnished
מָרוֹקוֹ	Morocco
מֶרְכָּז	centre
מֶרְכָּזִי	central
הַמַּשְׁבִּיר הַמֶּרְכָּזִי	*name of store*
מְרֻצֶּה, מְרֻצָּה	satisfied
מָרָק	soup
מְרַתֵּק	exciting
מַשֶּׁהוּ	something
מְשׁוֹרֵר	poet
מִשְׂחָק	game, play
מִשְׁטָר	regime
מִשְׁטָרָה	police
מָשִׁיחַ	Messiah
מֶשֶׁךְ	duration
בְּמֶשֶׁךְ	during
מַשְׂכִּיל	intelligent
מִשְׁכָּן	dwelling-place
מִשְׁכְּנוֹת שַׁאֲנַנִּים	Tranquil Dwelling Places
מַשְׁכַּנְתָּא, מַשְׁכַּנְתָּאוֹת	mortgage
מַשְׂכֹּרֶת, מַשְׂכּוֹרוֹת	salary
מָשָׁל	example
לְמָשָׁל	for example
מִשְׁמַעַת	discipline
מְשַׁעֲמֵם	boring

מִשְׁפָּחָה	family
בְּנֵי מִשְׁפָּחָה	family members
מִשְׁפַּחְתִּי	*adj.*, family
מִשְׁפָּט	sentence, justice
מִשְׂרָד	office, ministry
מִשְׂרַד הַפְּנִים	Interior Ministry
מִשְׂרָה	position
מֵת	to die
מַתְאִים	suitable
מַתְחִיל, מַתְחִילָה	begins
מָתַי	when
מָתֵמָטִיקָה	mathematics
מַתָּנָה	present, gift
מֻתָּר	permitted
נָאֶה	nice, pleasant
נִבְהַל	to be frightened
נֶגֶד	against, con
נִגּוּד	contrast
נִגַּשׁ (לָגֶשֶׁת)	to approach
נִדְמֶה	seems
נִדְמֶה לִי	it seems to me
נָהַג	to drive
נֶהָג	driver
נֶהְדָּר, נֶהְדֶּרֶת	wonderful
נְהִיגָה	driving
נֶהֱנָה מִן	to enjoy
נוּ	so
נוֹחַ	convenient
נוֹחִיּוּת	convenience
נוֹסֵעַ, נוֹסַעַת	passenger
נוֹסָף	additional
נוֹף	scenery
נוֹרָא	awful
נָח	to rest
נֶחְמָד	charming
נֶטוֹ	net *(income)*
נֶכֶד, נֶכְדָּה	grandchild
נִכָּה	to deduct
נִכּוּי	deduction
נָכוֹן	correct, true
נִכְנַס	to enter
נִכְשַׁל	to fail
נִלְחַם	to fight
נָמוּךְ	low, short
נִמּוּסִים	*pl.*, manners
נָמָל	port
נִמְשַׁךְ	to last
נִסָּה	to try
נִסָּיוֹן, נִסְיוֹנוֹת	test, experiment
נְסִיעָה	journey
נָסַע	to travel
נִסְתַּיֵּם	*i.v.*, to end
נָעִים	pleasant
נָעִים מְאֹד	very pleased
נַעַל, נַעֲלַיִם	*f.*, shoe
נֹעַר	youth
נֹעַר חֲלוּצִי לוֹחֵם: נַחַ״ל	pioneering fighting youth
נִפְגַּע	to be hit
נִפְגַּשׁ	to meet with
נִפְטַר מִן	to be rid of
נָפַל	to fall
נִפְלָא, נִפְלָאָה	wonderful
נֶפֶשׁ	*f.*, soul
נִצֵּל	to use, exploit
נִצֵּל הִזְדַּמְּנוּת	to take advantage
נִקְבָּה	grotto, channel
נִקְבַּת הַשִּׁילוֹחַ	Siloam Channel
נִקְבַּת חִזְקִיָּהוּ	Hezekiah's Tunnel
נִקָּה	to clean
נִקָּיוֹן	cleanliness

נִקְרָא	is called
נֵר, נֵרוֹת	*m.*, candle
נִרְאֶה	appears
כַּנִּרְאֶה	apparently
נִרְאֶה לִי	I approve
נִרְאֲתָה	she appeared
נִרְשַׁם	*i.v.*, to register
נִשְׁאַר	*i.v.*, to remain
נִשְׁבַּע	*i.v.*, to swear
נָשׂוּי, נְשׂוּאָה	married
נְשִׁיקָה	kiss
נִשְׁמַע	to be heard
מַה נִּשְׁמַע?	what's new?
נֶשֶׁק	weapons
נִשְׁתַּנָּה	to be changed
מַה נִּשְׁתַּנָּה	4 questions asked at Passover *Seder*
נְתוּנִים	credentials
נָתַן	to give
נְתַנְיָה	Netanya
סָאסוֹב	Sasov
סָאשָׁה	Sasha
סָבָא	grandfather
סִבָּה	reason
סְבִיבָה	vicinity
סַבְלָנוּת	patience
סַבְתָּא	grandmother
סָגַר	to close
סָגוּר	closed
סִדֵּר	to arrange
סֵדֶר	order
בְּסֵדֶר	all right
סֵדֶר	Passover Service
סה"כ	total (*abbrev. of* סַךְ הַכֹּל)
סוּבְּיֶקְטִיבִי	subjective
סוֹד, סוֹדוֹת	*m.*, secret
סְוֶדֶר	sweater
סוֹכְנוּת	(Jewish) Agency
סוֹלְלָה	rampart
סוֹף	end
סוֹף סוֹף	finally
בַּסּוֹף	at the end
לְבַסּוֹף	finally
סוּפֶּרְסַל	*supermarket*
סוֹצְיוֹלוֹגְיָה	sociology
סְטוּדֶנְט	*m.*, student
סְטוּדֶנְטִית	*f.*, student
סְטֵיק	steak
סִיגַרְיָה	cigarette
סִיּוּם	completion
סִימָן	sign
סִימְפָּתִי	friendly, nice
סִין	China
סִינִית	Chinese
סִכּוּם	total, sum
סִכֵּם	to summarize
סַכָּנָה	danger
סֻכָּר	sugar
סַל	basket
סָלָט	salad
סֻלְטָן	sultan
סְלִיחָה	sorry, excuse me
סֻלֵימָן	Suleiman
סֶמִינָר	seminar
סַנְדְּוִיץ'	sandwich
סְנִיף	branch
סִפּוּר	story
סֵפֶל	cup
סַפְסָל	bench
סֵפֶר	book

סְפָרַד	Spain
סִפְרוּת	literature
סִפְרִיָּה	library
סַקְרָן	curious person
סֶרֶט	film
סְתָם	just, merely
עָבַד	to work
עֶבֶד	servant, slave
עַבְדוּת	slavery
עֲבוֹדָה	work
עֲבוּר	for, on behalf of
עָבַר	to pass, cross
כַּעֲבֹר	after the lapse of
עָבָר	*n.*, past
עִבְרִי	Hebrew
עִבְרִית	Hebrew
עוּגָה	cake
עַד	until
עַד דְּמָעוֹת	to tears
בְּעַד	for
עֹדֶף	change
עוֹד	else, still, yet
מַה עוֹד?	What else?
בְּעוֹד	in another
כָּל עוֹד	as long as
עוֹלֶה	immigrant *(to Israel)*
עוֹלָם	world
עוֹרֵךְ	editor
עַזָּה	Gaza
עָזַר לְ	to help
עֵט	pen
עַיִן, עֵינַיִם	*f.*, eye
עָיֵף	tired
עִיר	city
עִיר הַבִּירָה	capital city
הָעִירָה	to the city
עִירוֹנִי	urban
עִירִיָּה	municipality
עַכְשָׁו	now
עַל	on, upon
עַל לֹא דָּבָר	don't mention it
עַל פִּי	according to
עַל-יַד	beside
עָלָה	to cost;immigrate
עֲלִיָּה	immigration
עֶלְיוֹן	upper
הַבְּרֵכָה הָעֶלְיוֹנָה	Upper Pool
עֲלִילָה	plot
עֲלִילָתִי	*adj.*, epic
עָמַד	to stand
עָמָל	*name of school*
עָנָה	to answer
עָנִי	poor
עִנְיֵן	to interest
עָסוּק	busy
עֲפוּלָה	Afula
עִפָּרוֹן, עֶפְרוֹנוֹת	*m.*, pencil
עֵץ, עֵצִים	tree, wood
עֵצָה	advice
עָצוּב	sad
עֶצֶם: בְּעֶצֶם	actually, in fact
בְּעַצְמ-	by _____self
עִקָּר	essence
בְּעִקָּר	essentially
הָעִקָּר שֶׁ-	the main thing is
עַקְשָׁן	stubborn
עֶרֶב	evening
לִפְנוֹת עֶרֶב	towards evening
עֲרָבִי	Arab
עֲרָבִית	Arabic
עֶרֶךְ	value

בְּעֵרֶךְ	approximately
עֵרֶךְ שָׁעָה	hourly rate
עָשָׂה	to do, make
מַה לַּעֲשׂוֹת?	What can be done?
עָשִׁיר	wealthy, rich
עִשֵּׁן	to smoke
עֵת	time
כָּעֵת	now, at present
עַתָּה	now
עִתּוֹן	newspaper
עָתִיד	future
עַתִּיק	ancient
פָּגַשׁ	to meet
פְּגִישָׁה	meeting
פֹּה	here
פֶּה	mouth
בְּעַל פֶּה	orally
פּוֹלִיטִיקָאִי	politician
פּוֹלִיטִיקָה	politics
פּוֹלַנְיָה	Poland
פָּחַד מִן	to fear
פַּחַד	fear
פַּחְדָן	scaredy-cat
פָּחוֹת	less
פָּחוֹת אוֹ יוֹתֵר	more or less
פִיזִי	physical
פִיזִיקָה	physics
פִילוֹסוֹפְיָה	philosophy
פִּיצָה	pizza
פִּיקְנִיק	picnic
פָלָפֶל	Oriental food
פְּנַאי	leisure time
פָּנָה	to turn to
פִּנָּה	corner
פָּנוּי, פְּנוּיָה	free, at leisure
פָּנִים	*f.pl.*, face
פְּנִימָה!	*adv.*, inside
פֶּנְסְיָה	pension
פַּס	track, line
פַּס קוֹל	sound track
פֶּסַח	Passover
פְּסִיכוֹלוֹגְיָה	psychology
פֶּסִימִיסְט	pessimist
פְּסַנְתֵּר	piano
פְּסַנְתְּרָן	pianist
פֹּעַל, פְּעָלִים	verb
פַּעַם	*f.*, time
הַפַּעַם	this time
פַּעֲמַיִם	twice
לִפְעָמִים	sometimes
פִּקֵּחַ	to supervise
פָּקִיד	official
פַּרְדֵּס	orchard
פְּרָט	*n.*, individual
פְּרָטִי	*adj.*, individual
פְּרִי, פֵּרוֹת	*m.*, fruit
פְּרִיגִ׳ידֶר	refrigerator
פָּרַס	Persia
פַּרְסִית	Persian
פִּרְסֹמֶת	publicity
פַּרְעֹה	Pharaoh
פָּשׁוּט	simple
פָּשַׁט	to remove *(clothes)*
פִּתָּה	Oriental bread
פָּתַח	to open
פָּתוּחַ	is open
פֶּתֶק	note
צָבָא, צְבָאוֹת	*m.*, army

צְבָא הַהֲגַנָּה לְיִשְׂרָאֵל: צַהַ"ל	Israel Defence Force, *I.D.F.*
צְבָאִי	military
צֶבַע	colour
צַבָּר, צַבָּרִית	*Sabra (lit.* cactus*)*
צַד, צְדָדִים	side
צַדִּיק	righteous man
צָדַק	to be right
צָהֹב, צְהֻבָּה	yellow
צָהֳרַיִם	noon
צִיּוֹן	Zion
צִיּוּן	mark
צִיּוּר	painting
צִ'יפְּס	chips
צַיָּר	artist
צִלְצֵל	to ring
צָמֵא	thirsty
צִנּוֹר, צִנּוֹרוֹת	*m.*, pipe *(water)*
צָעִיר	young
צַעֲצוּעַ	toy
צִעֵר	to trouble
צַעַר	trouble
צָפָה	to view
צוֹפֶה	viewer
צָפוֹן	north
צָפוֹן-מִזְרָח	north-east
צַר, צָרָה	narrow
צָרָה	trouble, problem
צָרִיךְ	must
צָרְפַת	France
קָבוּעַ	permanent, regular
קִבּוּץ	*kibbutz*
קְבוּצָה	group
קִבֵּל	to receive
קִבֵּל פְּנֵי	to welcome

קֶבֶר	grave, tomb
קִדּוּשׁ	sanctification
קָדוֹשׁ	holy
קָדַח	to be feverish
קַדַּחַת	malaria
קָדִימָה	*adv.*, forward
קֹדֶם	*adv.*, previously
קֹדֶם כֹּל	*adv.*, first of all
קוֹדֵם	previous
קִוָּה	to hope
קַוְיָאר	caviar
קוֹל	sound, voice
קוֹלְנוֹעַ	movies
קוֹמֶדְיָה	comedy
קוֹמוּנָה	commune
קוֹנְצֶרְט	concert
קוֹקָה קוֹלָה	Coca-Cola
קוֹרְדוֹבָה	Cordova
קוּרְס	course
קָטָן, קְטַנָּה	small
קִיוֹסְק	kiosk
קִיֵּם	to keep, fulfill
קַיָּם, קַיֶּמֶת	exists
קַיִץ	summer
קַל	easy
קְלַסִּי	classical
קָם	to get up, rise
הֵקִים	to raise
קַמְצָן	miser
קָנָה	to buy
קְנִיָּה	purchase
קֻפַּאי	cashier
קֻפָּה	box office
קֻפַּת חוֹלִים	Sick Fund
קֻפַּת קוֹלְנוֹעַ	movie box office

קָפֶה coffee
קָפֶטֶרְיָה cafeteria
קֻפְסָא, קֻפְסָאוֹת box
קַצֶּפֶת whipped cream
קָצָר short
קְצָת a little
קָקָאוֹ cocoa
קֹר *n.*, cold
קַר *adj.*, cold
קָרָא to read, call
קָרָה to happen
קָרוֹב near; relative
קְרִיאָה reading
קִרְיָה centre, complex
קִרְיַת הָאוּנִיבֶרְסִיטָה University Centre
קִרְיַת יוֹבֵל *section of Jerusalem*
קִרְיַת מֹשֶׁה *section of Jerusalem*
קַרְיָן announcer
קַרְיָנוּת announcing
קֶרֶן, קְרָנוֹת *f.*, fund
קַשׁ straw
קָשֶׁה difficult
קָשׁוּר connected with
קֹשִׁי difficulty
בְּקֹשִׁי with difficulty

רָאָה to see
רְאִי mirror
רֹאשׁ, רָאשִׁים head
רִאשׁוֹן first
רֹב majority
רַב, רַבָּה much
רַבִּי Rabbi
רֶבַע quarter

רָגִיל regular, used to
רָגִישׁ sensitive
רֶגֶל, רַגְלַיִם *f.*, foot
רֶגַע minute
רִגֵּשׁ to excite
רֶגֶשׁ, רְגָשׁוֹת *m.*, feeling
רַדְיוֹ radio
רָהִיטִים *pl.*, furniture
רוֹמָאִי Roman
רוּסִית Russian
רוֹפֵא, רוֹפְאָה doctor
רוֹפֵא עֵינַיִם eye doctor
רַוָּק, רַוָּקָה unmarried person
רָזֶה thin
רְחוֹב, רְחוֹבוֹת *m.*, street
רָחוֹק far
מֵרָחוֹק from afar
רֵיחַ, רֵיחוֹת *m.*, aroma, smell
רַכֶּבֶת, רַכָּבוֹת train
רַכּוּת tenderness
רְכִילוּת gossip
רַע bad
רָעֵב to be hungry
רָעֵב hungry
רָעָב famine, hunger
רַעְיוֹן, רַעְיוֹנוֹת *m.*, idea
רַעַשׁ noise
רֵפוֹרְמִי reform
רָץ to run
רָצָה to want
רָצוֹן want, will
בְּרָצוֹן gladly, willingly
רְצִינוּת seriousness
בִּרְצִינוּת seriously
רְצִינִי serious

רַק only
רָקַד to dance
רַקְדָן dancer
רִקּוּד dance
רֹשֶׁם impression
רָתַח *i.v.*, to boil
רִתֵּק to thrill, excite

שֶׁ- that
שָׁאַל to ask
שְׁאֵלָה question
שָׁב to return
שְׁבֶדִי Swede, Swedish
שָׁבוּעַ, שָׁבוּעוֹת *m.*, week
שְׁבוּעַיִם two weeks
שָׁבַר to break
שָׁבוּר broken
שַׁבָּת, שַׁבָּתוֹת Sabbath
שְׁגִיאָה error
שִׁדּוּךְ match
שׁוּב again
שׁוֹטֵר policeman
שָׁוֶה equal, worth
שִׁוְיוֹן equality
שְׁוֵיצָרִי Swiss
שְׁוֵיצָרְיָה Switzerland
שׁוּלְחָן, שׁוּלְחָנוֹת *m.*, table
שׁוּם: שׁוּם דָּבָר nothing
בְּשׁוּם אֹפֶן in no way
שׁוֹמֵר guard
שׁוֹנֶה different
שׁוּעָל fox
שׁוּק, שְׁוָקִים market
שׁוֹקוֹלָד chocolate
שׁוּרָה row
שָׂחָה to swim

שָׁחוֹר, שְׁחוֹרָה black
שִׂחֵק to play
שַׂחְקָן actor
שִׁחְרוּר liberation
שִׁחְרֵר to free, liberate
שֶׁטַח area
שָׁטִיחַ carpet
שָׁטַף to wash *(dishes)*
שְׁטְרֶטִין Stretyn
שִׂיחָה discussion
שִׁיר song, poetry
שְׁיָרָה convoy
שָׁכַב (לִשְׁכַּב) to lie down
שִׁכּוּן residence
שְׁכוּנָה neighbourhood
שָׁכַח to forget
שָׁכֵן neighbour
שָׂכַר to rent
הִשְׂכִּיר to rent out
שָׂכָר wage, reward
שְׂכַר דִּירָה rent
שְׂכַר לִמּוּדִים tuition
שִׁכּוֹר, שִׁכּוֹרָה drunk
שֶׁל of
שֶׁלֶג snow
שָׁלֵו calm, peaceful
שַׁלְוָה tranquility, quiet
שָׁלוֹם peace; hello
שָׁלוֹם רַב Hello there
דְּרִישַׁת שָׁלוֹם regards
מַה שְׁלוֹמְךָ? How are you?
מַה שְׁלוֹם *X*? How is X?
שְׁלוֹמִי טוֹב I am fine
שָׁלַח to send
שִׁלֵּם to pay
שָׂם to put

שָׂם לֵב	to pay attention
שֵׁם, שֵׁמוֹת	name
שָׁם	there
שְׂמֹאל	left
מִשְּׂמֹאל	on the left
שָׂמַח	to be happy
שָׂמֵחַ, שְׂמֵחָה	happy
שִׂמְחָה	happiness
שָׁמַיִם	*m.pl.*, heaven
שִׂמְלָה, שְׂמָלוֹת	dress
שָׁמֵן	fat
שָׁמַע	to hear
שַׁמְפַּנְיָה	champagne
שָׁמַר	to guard, keep
שֶׁמֶשׁ	sun
שֵׁן, שִׁנַּיִם	*f.*, tooth
שָׁנָה, שָׁנִים	*f.*, year
שְׁנַת לֵדָה	year of birth
שְׁנַת עֲלִיָּה	year of immigration
שְׁנוֹת וֶתֶק	years of seniority
שְׁנָתַיִם	two years
שִׁנָּה	to change
שְׁנֵיהֶם	both of them
שְׁנֵיכֶם	both of you
שְׁנֵינוּ	both of us
שָׁעָה	hour
מַה הַשָּׁעָה?	What time is it?
בְּשָׁעָה טוֹבָה	Good luck!
שָׁעָה אֲרֻכָּה	a long while
שְׁעָתַיִם	two hours
שָׁעוֹן	watch, clock
שִׁעוּר	lesson
שִׁעֲמֵם	to bore
שַׁעַר	gate
שַׁעַר יָפוֹ	Jaffa Gate
שַׁעַר הָרַחֲמִים	Golden Gate *(Gate of Mercy)*

שָׂפָה	lip, language
שְׂפָתַיִם	lips
שְׂפַת אֵם	mother tongue
שְׂפַת הַיָּם	seashore
שָׁפַךְ	to pour
שֶׁקֶט	*n.*, quiet
בְּשֶׁקֶט	quietly
שָׁקֵט	*adj.*, quiet
שַׁקְרָן	liar
שַׂר	minister
שֵׁרוּת	*m.*, service
שָׂרִיד	remnant
שָׂרַף	to burn
שָׁתָה	to drink
שַׁתְיָן	drunkard
שָׁתַק	to be silent
שַׁתְקָן	a silent person
תֵּאָבוֹן	appetite
בְּתֵאָבוֹן	Bon appetit!
תְּאוֹמִים	*m.*, twins
תְּאוֹמוֹת	*f.*, twins
תֵּאוּר	description
תֵּאַטְרוֹן	theatre
תֵּאֵר	to describe
תַּאֲרִיךְ	date
תֵּבָה	box
תֵּבַת דֹּאַר, ת.ד.	post office box
תּוֹדָה	thanks
תָּוֶךְ	midst
תּוֹךְ	within
בְּתוֹךְ	in the midst of
מִתּוֹךְ	out of
תּוֹסֶפֶת	increase
תּוֹסֶפֶת יֹקֶר	cost of living increase

תּוֹצֶרֶת	product		תַּלְמִיד	m., pupil
תּוֹצֶרֶת חוּץ	import		תַּלְמִידָה	f., pupil
תּוֹצֶרֶת בַּיִת	home-made		תָּמִיד	always
תּוֹר	line, queue		תֵּן! תְּנִי! תְּנוּ!	give!
תּוֹר	turn		תְּנַאי, תְּנָאִים	condition
תּוֹרָה	Torah		תְּנוּעָה	traffic, movement
תּוּרְכִּי	Turkish		תְּעוּדָה	certificate
תּוֹרָנוּת	duty		תְּעָלָה	canal
תּוֹשָׁב	resident		תַּפּוּז	orange
תְּחִלָּה	beginning		תַּפּוּחַ	apple
תַּחֲנָה	station		תָּפַס	to hold
תַּחֲנָה מֶרְכָּזִית	central station		תָּפוּס	occupied
תַּחַת	under		תַּפְקִיד	role, function
מִתַּחַת לְ	under, beneath		תִּקְוָה	hope
תִּיכוֹן	n., secondary		תִּקּוּן	repair
תִּיכוֹנִי	adj., secondary		תְּקוּפָה	period, era
תִּינוֹק	m., baby		תַּקְלִיט	record
תִּינֹקֶת	f., baby		תִּקֵּן	to repair
תַּיָּר, תַּיֶּרֶת	tourist		תַּרְגִּיל	exercise
תָּכְנִית, תָּכְנִיּוֹת	program, plan		תְּרוּפָה	medicine
תֵּל אָבִיב	Tel Aviv		תְּשׁוּבָה	answer
תִּלּוֹשׁ	stub, coupon		תַּשְׁלוּם	payment